Album für Alice

Album für Alice

Eine Entführung
nach
Lewis Carroll

mit
Zeichnungen
nach
seinen Photographien kleiner Mädchen
und anderen
viktorianischen Kinderbildnissen
sowie Illustrationen
zu Alice im Wunderland
von
Albert Schindehütte
mit einem Nachwort von
Roger Willemsen

ALBUM FÜR ALICE

Eine Huldigung an Lewis Carroll

Mit der ersten deutschen Übersetzung von
»Alice im Wunderland« von Antonie Zimmermann 1869,
mit Illustrationen zum Text und Zeichnungen nach
Lewis Carrolls Photographien kleiner Mädchen und
anderen viktorianischen Kinderbildnissen von
Albert Schindehütte
sowie einem Nachwort von Roger Willemsen

Büchergilde Gutenberg

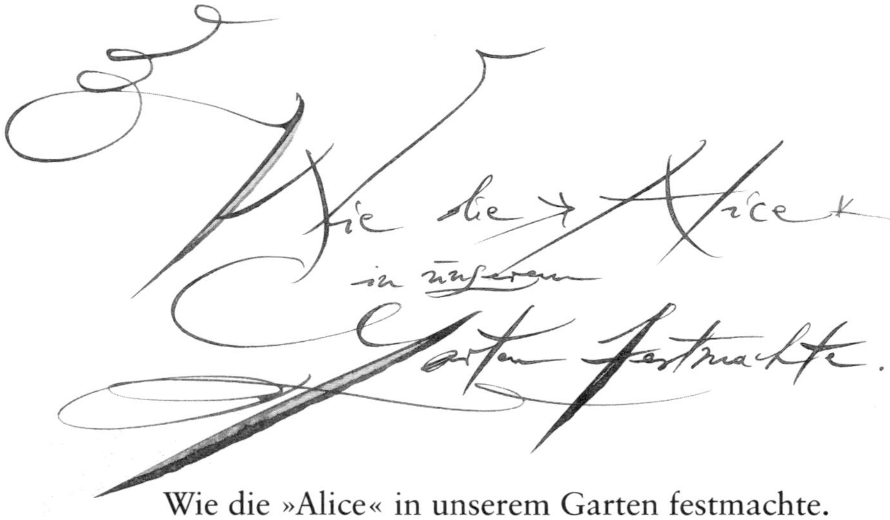

Wie die »Alice« in unserem Garten festmachte.

Der spätsommerliche Garten über dem Ufer der Elbe ist festlich geschmückt, alles ist vorbereitet für die kleinen Gäste zu Hannchens Geburtstag. Die Gesellschaft spielt noch im Haus, weil es hier draußen so heftig weht. Und so bleibt mir Zeit, mich an den Tisch unter die windgeschützte Jelängerjelieber-Laube zu setzen zu meiner augenblicklichen Lieblingsbeschäftigung: dem Zeichnen kleiner Mädchen nach Photographien und Aquarellen aus viktorianischer Zeit.

Hoffentlich schwimmen wir hier nicht weg, denke ich, als ich auf das Wasser blicke. Wir haben Flut bei stürmischen Böen von See. Drüben auf Athabaskahöft hat man mit Blitz und Knall Hochwasserwarnung geschossen, denn der Fluß hat sich bedenklich weit über das Ufer bis zur Gartenmauer gehoben.

Um diese Tageszeit läuft die England-Fähre, unseren Garten passierend, in den Hafen ein. Ich nehme mein Fernglas und sehe das Schiff schon auf Höhe der Himmelsleiter herankommen – heute allerdings merkwürdig klein geraten. Kein Wunder, wenn du das Glas verkehrt herum hältst. Aber alles verhält sich richtig, und doch will das Schiffchen beim Näherkommen nicht größer werden.

Jetzt, da es auf unserer Höhe angekommen ist, müßte der höchste Stand der Flut erreicht sein. Das Schiffchen in seiner Winzigkeit droht, von den klatschend schwappenden Wellen hin und her geworfen, an der Gartenmauer zu zerschellen. Glücklicherweise wird es durch eins der am Fuße der Mauer freigelassenen Flutlöcher gespült und landet in unserem Garten. Ganz sachte sackt das Schiffchen auf den Grund des Rosen- und Efeubeetes.

Der Wind hat sich gelegt. Es ebbt, das ablaufende Wasser kräuselt sich im heiteren Septemberlicht und gibt den Garten wieder frei. Ich rufe die Kinder.

Aus der Nähe betrachtet erinnert die Form des Schiffchens an ein Buch. Die Schiffswände sind die leicht geöffneten Buchdeckel, der Kiel ist der Rücken des Buches, der Schornstein sieht aus wie ein Tuschefäßchen, die Masten gleichen Federhalter und Pinsel. Mit dem Lesebändchen wird das Bücherschiff von Kinderhand am Rosenstrauch festgemacht, und als wir nach seinem Namen suchen, lesen wir: »Alice«.

Die Geburtstagsgartenparty währt so lange wie die kurzweilige Lektüre. Und als sie dann zu Ende ist, stellt sich die Gesellschaft zum Abschiedsphoto in Pose. Auf der Elbe im Hintergrund sieht man, wie im Sog der Ebbe die Fähre, immer kleiner und kleiner werdend, im frühen Abendlicht zurück gen England entschwindet. Doch die »Alice« bleibt in unserem Garten.

Ich gehe mit ihr an meine Zeichnungen unter die Laube und erfahre, daß sie schon im Jahre 1869 hierher übersetzte, damals in der ersten deutschen Übersetzung. Ich öffne das Fäßchen mit der englischen Tusche, nehme Federhalter und Pinsel und beginne zu zeichnen, laviere mit Fluten von Tusche und Wasser, bis mein Arbeitstisch schwimmt – die Elbe hoch, vorbei an den Landungsbrücken, durch die geöffneten Schleusentore in die Alster. Am Harvestehuder Weg gehen wir an Land und klopfen bei einem Verlag an. Wir werden verlegt, man wird uns wiederfinden im »Album für Alice« als Geburtstagsbuch für Hannchen.

Albert Schindehütte

Hamburg, Oevelgönne am 27. September 1993

Alice im Wunderland von Lewis Carroll

in der ersten deutschen Übersetzung 1869 von Antonie Zimmermann

Alice im Wunderland

von Lewis Carroll

In der ersten deutschen Übersetzung 1869
von Antonie Zimmermann

Mit 77 lavierten Federzeichnungen
in kalligraphischer Manier
von
Albert Schindehütte
... der seinen Hut zieht vor den Alice-Illustratoren
Sir John Tenniel, W. H. Walker
und vor Lewis Carroll himself

An die kleine Mary MacDonald

Christ Church College, Oxford
26. Januar 1869

Meine liebe Mary,
lernst Du zufällig deutsch – oder wirst Du es lernen?
Wenn ja, laß es mich wissen, und Du sollst die »Alice«
in dieser abstrusen Sprache bekommen.
Freundliche Grüße an Deine Eltern und alles Liebe allen,
die sich dafür interessieren.

Dein Dich liebender C. L. Dodgson

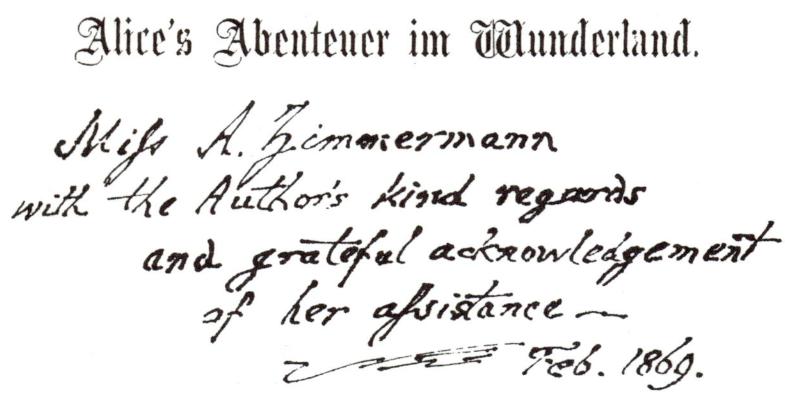
Alice's Abenteuer im Wunderland.
Miss A. Zimmermann
with the Author's kind regards
and grateful acknowledgement
of her assistance –
Feb. 1869.

Handschriftliche Widmung von Lewis Carroll an die Übersetzerin

---

Der Verfasser wünscht hiermit seine Anerkennung gegenüber der Übersetzerin auszusprechen, die einige eingestreute Parodien englischer Kinderlieder, welche der deutschen Jugend unverständlich gewesen wären, durch dergleichen von bekannten deutschen Gedichten ersetzt hat. Ebenso sind für die oft unübersetzbaren englischen Wortspiele passende deutsche eingeschoben worden, welche das Buch allein der Gewandtheit der Übersetzerin verdankt.

Anmerkung des Autors zur deutschen Erstausgabe

Lutwidge
Dodgson
ist
Lewis Carroll
1832–1898
'93

O schöner, gold'ner Nachmittag,
Wo Flut und Himmel lacht!
Von schwacher Kindeshand bewegt,
Die Ruder plätschern sacht.
Das Steuer hält ein kleiner Arm
Und lenket uns're Fahrt.

So fuhren wir gemächlich hin
Auf träumerischen Wellen.
Doch ach! die drei vereinten sich,
Den müden Freund zu quälen.
Sie trieben ihn, sie drängten ihn,
Ein Märchen zu erzählen.

Die Erste gabs Kommandowort,
O schnell, o fange an!
Und mach es so, die Zweite bat,
Daß man recht lachen kann!
Die Dritte ließ ihm keine Ruh
Mit wie? und wo? und wann?

Jetzt lauschen sie vom Zauberland
Der wunderbaren Mär,
Mit Tier und Vogel sind sie bald
In freundlichem Verkehr
Und fühlen sich so heimisch dort,
Als ob es Wahrheit wär'.

Und jedes Mal, wenn Phantasie
Dem Freunde ganz versiegt:
»Das übrige ein ander Mal!«
O nein, sie leiden's nicht.
»Es ist ja schon ein ander Mal!«
So rufen sie vergnügt.

So ward vom schönen Wunderland
Das Märchen ausgedacht,
So langsam Stück für Stück erzählt,
Beplaudert und belacht,
Und froh, als es zu Ende war,
Der Weg nach Haus gemacht.

O Alice! nimm es freundlich an
Und leg's mit güt'ger Hand
Zum Strauße, den Erinnerung
Aus Kindheitsträumen band,
Gleich welken Blüten, mitgebracht
Aus einem fernen Land.

Erstes Kapitel
Hinunter in den Kaninchenbau
35

Zweites Kapitel
Der Tränenpfuhl
46

Drittes Kapitel
Ein Caucus-Rennen und was daraus wird
54

Viertes Kapitel
Die Wohnung des Kaninchens
62

Fünftes Kapitel
Guter Rat von einer Raupe
72

Sechstes Kapitel
Ferkel und Pfeffer
82

Siebtes Kapitel
Die tolle Teegesellschaft
92

Achtes Kapitel
Das Krockettfeld der Königin
102

Neuntes Kapitel
Die Geschichte der Falschen Schildkröte
112

Zehntes Kapitel
Das Hummerballett
120

Elftes Kapitel
Wer hat die Kuchen gestohlen?
128

Zwölftes Kapitel
Alice ist die Klügste
136

Erstes Kapitel
Hinunter in den Kaninchenbau

Alice fing an sich zu langweilen. Sie saß schon lange neben ihrer Schwester am Ufer und hatte nichts zu tun. Das Buch, das ihre Schwester las, gefiel ihr nicht, denn es waren weder Bilder noch Gespräche darin. Und was nützen Bücher, dachte Alice, ohne Bilder und Gespräche?

Sie überlegte sich eben (so gut es ging, denn sie war schläfrig und dumm von der Hitze), ob es der Mühe wert sei, aufzustehen und Gänseblümchen zu pflücken, um eine Kette daraus zu machen, als plötzlich ein weißes Kaninchen mit roten Augen dicht an ihr vorbeirannte.

Dies war an sich nicht besonders merkwürdig. Alice fand es auch nicht außergewöhnlich, daß sie das Kaninchen sagen hörte: »O weh, o weh! Ich werde zu spät kommen!« (Als sie es später wieder überlegte, fiel ihr ein, daß sie sich darüber hätte wundern sollen, doch in diesem Moment kam ihr das alles ganz natürlich vor.) Aber als das Kaninchen seine Uhr aus der Westentasche zog, nach der Zeit sah und eilig fortlief, sprang Alice auf, denn es war ihr doch noch nie vorgekommen, ein Kaninchen mit einer Westentasche und einer Uhr darin zu sehen. Vor Neugierde brennend, rannte sie ihm nach über die Wiese und kam gerade noch zurecht, um es in ein großes Loch unter der Hecke schlüpfen zu sehen.

Im nächsten Augenblick war sie ihm in das Loch hinterhergesprungen, ohne zu bedenken, wie in aller Welt sie wieder herauskommen könnte. Der Kaninchenbau lief erst geradeaus wie ein Tunnel und ging dann plötzlich abwärts. Ehe Alice noch den Gedanken fassen konnte, sich schnell festzuhalten, fühlte sie schon, daß sie fiel, wie es schien in einen tiefen, tiefen Brunnen.

Entweder mußte der Brunnen sehr tief sein, oder sie fiel sehr langsam, denn sie hatte Zeit genug, sich beim Fallen umzusehen und sich zu wundern, was nun wohl geschehen würde. Zuerst versuchte sie hinunterzusehen, um zu wissen, wohin sie käme. Aber es war zu dunkel, um etwas zu erkennen. So betrachtete sie die Wände des Brunnens und bemerkte, daß sie mit Küchenschränken und Bücherbrettern bedeckt waren. Hier und da erblickte sie Landkarten und Bilder, an Haken aufgehängt. Sie nahm im Fallen von einem der Bretter ein Töpfchen mit der Aufschrift »Eingemachte Apfelsinen«, aber zu ihrem großen Verdruß war es leer. Sie wollte es nicht einfach loslassen aus Furcht, irgend jemanden unter sich zu töten, und es gelang ihr, das Töpfchen in einen anderen Schrank, an dem sie vorbeischwebte, zu schieben.

»Nun!« dachte Alice bei sich, »nach einem solchen Sturz werde ich mir nichts mehr daraus machen, wenn ich einmal die Treppe hinunterstolpere. Wie mutig sie mich dann zu Hause finden werden! Ich würde sogar nicht viel Aufhebens machen, wenn ich vom Dach hinunterfiele!« (Was wahrscheinlich richtig war.)

Hinunter, hinunter, hinunter! Wollte das denn nie enden? »Wie viele Meilen ich wohl jetzt gefallen bin!« sagte sie laut. »Ich muß ungefähr am Mittelpunkt der Erde sein, mal nachdenken: das wären viertausend Meilen, glaube ich –« (denn ihr müßt wissen, Alice hatte dergleichen in der Schule gelernt, und obgleich dies keine sehr gute Gelegenheit war, ihre Kenntnisse vorzubringen, da niemand zum Zuhören da war, so übte sie es sich doch dabei ein) – »Ja, das ist ungefähr die Entfernung. Aber bei welchem Längen- oder Breitengrad ich jetzt wohl angekommen sein mag?« (Alice hatte nicht die geringste Vorstellung davon, was ein Längengrad und ein Breitengrad war; doch klangen ihr die Worte schön und großartig.)

Kurz darauf redete sie weiter. »Ob ich wohl ganz durch die Erde fallen werde? Wie komisch das sein wird, bei Leuten herauszukommen, die mit dem Kopf nach unten gehen! Die ›Antipathien‹, sagt man, glaube ich.« (Diesmal war es ihr ganz lieb, daß niemand zuhörte, denn das Wort schien ihr nicht ganz richtig.) »Aber natürlich werde ich sie fragen müssen, wie das Land heißt. Bitte, liebe Dame, ist dies Neuseeland oder Australien?« (Und sie versuchte dabei zu knicksen, stellt euch vor, knicksen, während man durch die Luft fällt! Könntet ihr das fertigkriegen?) »Aber sie werden mich für ein unwissendes kleines Mädchen halten, wenn ich frage! Nein, das wäre zu dumm. Vielleicht sehe ich es irgendwo angeschrieben.«

Hinunter, hinunter, hinunter! Sie konnte nichts weiter tun, also fing Alice bald wieder zu sprechen an. »Dinah wird mich gewiß heut abend überall suchen!« (Dinah war die Katze.) »Ich hoffe, sie werden ihren Napf Milch zur Teestunde nicht vergessen. Dinah! Miez! Ich wollte, du wärest hier unten bei mir. Ich fürchte nur, es gibt keine Mäuse in der Luft. Aber du könntest Spatzen fangen, die wird es hier in der Luft wohl geben, glaubst du nicht? Und Katzen fressen doch Spatzen?« Hier wurde Alice etwas schläfrig und redete halb im Traum fort. »Fressen Katzen gern Spatzen? Fressen Katzen gern Spatzen? Fressen Spatzen gern Katzen?« Und da ihr niemand antworten konnte, so kam es gar nicht darauf an, wie herum sie die Frage stellte. Sie fühlte, daß sie einschlief, und hatte eben angefangen zu träumen, sie gehe Hand in Hand mit Dinah spazieren und frage sie ganz ernsthaft: »Nun, Dinah, sage die Wahrheit, hast du jemals einen Spatzen gefressen?« Da, mit einem Male, plumps! plumps! kam sie auf einen Haufen aus trockenem Laub und Reisig zu liegen, und das Fallen war zu Ende.

Alice hatte sich gar nicht weh getan. Sie sprang sogleich auf und sah in die Höhe, aber es war dunkel über ihr. Vor ihr lag ein langer Gang, und sie konnte noch eben das weiße Kaninchen darin entlanglaufen sehen. Es war kein Augenblick zu verlieren. Alice sauste wie der Wind hinterher und hörte das Kaninchen gerade noch sagen, als es um eine Ecke bog: »O Ohren und Schnurrbart, wie spät es schon ist!« Sie war dicht hinter ihm, aber als sie um die Ecke kam, da war das Kaninchen nicht mehr zu sehen. Sie befand sich in einem langen, niedrigen Korridor, der durch eine Reihe Lampen erleuchtet war, die von der Decke herabhingen.

Zu beiden Seiten des Korridors waren Türen, aber sie waren alle verschlossen. Alice versuchte jede Tür zu öffnen, erst auf der einen Seite, dann auf der anderen. Schließlich ging sie traurig in der Mitte entlang und überlegte, wie sie hier je herauskommen könnte.

Plötzlich stand sie vor einem kleinen dreibeinigen Tisch, ganz aus dickem Glas. Es lag nichts darauf als ein winziges goldenes Schlüsselchen, und Alices erster Gedanke war, dies möchte zu einer der Türen gehören. Aber ach! Entweder waren die Schlösser zu groß, oder der Schlüssel war zu klein, kurz, er paßte zu keiner einzigen. Jedoch, als sie das zweite Mal herumging, kam sie an einen niedrigen Vorhang, den sie vorher nicht bemerkt hatte, und dahinter war eine Tür, ungefähr fünfzehn Zoll hoch. Sie steckte das goldene Schlüsselchen ins Schlüsselloch, und zu ihrer großen Freude paßte es. Alice schloß die Tür auf, die in einen kleinen

Gang führte, nicht viel größer als ein Mauseloch. Sie kniete nieder und sah durch den Gang in den reizendsten Garten, den man sich denken kann. Wie wünschte sie, aus dem dunklen Loch herauszukommen und unter den bunten Blumenbeeten und kühlen Springbrunnen umherzuwandern. Aber sie konnte nicht einmal den Kopf durch die Türöffnung stecken. »Und selbst wenn mein Kopf hindurchginge«, dachte die arme Alice, »was würde es nützen ohne die Schultern. Oh, ich möchte mich zusammenschieben können wie ein Fernrohr. Das geht gewiß, wenn ich nur wüßte, wie man es anstellt.« Denn es war kürzlich so viel Merkwürdiges mit ihr vorgegangen, daß Alice anfing zu glauben, es sei fast nichts unmöglich.

Da es ihr ganz unnütz erschien, länger vor der kleinen Tür zu warten, ging sie zum Tisch zurück, halb und halb hoffend, noch einen anderen Schlüssel zu finden oder jedenfalls ein Buch mit Anweisungen, wie man sich zusammenschieben kann. Diesmal fand sie ein Fläschchen darauf (»das gewiß vorhin nicht hier stand«, sagte Alice), und um den Hals des Fläschchens war ein Zettel gebunden, mit den Worten »Trinke mich!« in wunderschönen großen Buchstaben darauf gedruckt.

Es war leicht gesagt »Trinke mich«, aber die kluge kleine Alice wollte sich damit nicht übereilen. »Nein, ich werde erst nachsehen«, sprach sie, »ob ein Totenkopf darauf ist oder nicht.« Denn sie hatte mehrere Geschichten gelesen von Kindern, die sich verbrannt hatten oder sich von wilden Tieren hatten fressen lassen und in andere unangenehme Lagen geraten waren, nur weil sie nicht an die Warnungen dachten, die ihre Freunde ihnen gegeben hatten; zum Beispiel, daß ein rotglühendes Eisen brennt, wenn man es anfaßt, und daß, wenn man sich mit einem Messer tief in den Finger schneidet, es gewöhnlich blutet. Und sie hatte nicht vergessen, daß es einem unfehlbar schlecht bekommt, wenn man viel aus einer Flasche mit einem Totenkopf darauf trinkt.

Diese Flasche jedoch hatte keinen Totenkopf. Daher wagte Alice zu kosten, und da es ihr gut schmeckte (eigentlich nach einer Mischung aus Kirschkuchen, Sahnesauce, Ananas, Gänsebraten, Naute und Armen Rittern), so trank sie die Flasche aus.

»Was für ein komisches Gefühl!« sagte Alice. »Ich schiebe mich offenbar zusammen wie ein Fernrohr.«

Und so war es in der Tat. Jetzt war sie nur noch zehn Zoll hoch, und ihr Gesicht leuchtete bei dem Gedanken, daß sie nun die richtige Höhe habe, um durch die kleine Tür in den schönen Garten zu gelangen. Doch erst wartete sie noch einige Minuten, um zu sehen, ob sie noch mehr einschrumpfen würde. Sie war ein wenig ängstlich, »denn es könnte ja sein«, sagte Alice zu sich, »daß ich ganz ausgehe, wie ein Licht. Wie ich dann wohl aussähe?« Und sie versuchte sich vorzustellen, wie die Flamme einer Kerze aussieht, wenn sie ausgeblasen ist, aber sie konnte sich nicht erinnern, dies je gesehen zu haben.

Nach einer Weile, als sie merkte, daß weiter nichts mit ihr geschah, beschloß sie, in den Garten zu gehen. Aber ach, arme Alice! Als sie an die Tür kam, hatte sie das goldene Schlüsselchen vergessen. Sie ging zum Tisch zurück, um es zu holen, mußte aber feststellen, daß sie es unmöglich erreichen konnte. Sie sah es ganz deutlich durch das Glas und gab sich alle Mühe, an einem Tischbein hochzuklettern, aber es war zu glatt. Und als sie sich ganz müde gearbeitet hatte, setzte sich das arme kleine Ding hin und weinte.

»Hör auf, was nützt es, so zu weinen!« sagte Alice ganz böse zu sich, »ich rate dir, aufzuhören!« Sie gab sich oft sehr gute Ratschläge (obgleich sie diese selten befolgte), und manchmal schalt sie sich selbst so streng, daß sie weinen mußte. Und einmal, erinnerte sie sich, hatte sie sogar versucht, sich eine Ohrfeige zu geben, weil sie im Krockett betrogen hatte, als sie gegen sich selbst spielte; denn dieses eigentümliche Kind stellte sehr gern zwei Personen dar. »Aber jetzt hilft es nichts«, dachte die arme Alice, »so zu tun, als ob ich zwei verschiedene Personen wäre. Ach, es ist ja kaum genug von mir übrig für eine anständige Person!«

Bald fiel ihr Auge auf eine kleine Glasdose, die unter dem Tisch lag. Sie öffnete sie und fand einen winzigen Kuchen darin, auf welchem die Worte »Iß mich!« schön aus kleinen Rosinen geschrieben standen. »Gut, ich will ihn essen«, sagte Alice, »und wenn ich davon größer werde, so kann ich den Schlüssel erreichen; wenn ich aber kleiner davon werde, dann kann ich unter der Tür durchkriechen. Auf jeden Fall gelange ich so oder so in den Garten, es ist mir einerlei, wie.«

Sie aß ein Stückchen und sagte neugierig zu sich: »Aufwärts oder abwärts?« Dabei hielt sie die Hand prüfend auf ihren Kopf und war ganz erstaunt zu bemerken, daß sie dieselbe Größe behielt. Freilich geschieht dies gewöhnlich, wenn man Kuchen ißt. Aber Alice war schon so an wunderbare Dinge gewöhnt, daß es ihr ganz langweilig vorkam, wenn das Leben so natürlich verlief.

Sie machte sich also daran und verzehrte den Kuchen völlig.

Zweites Kapitel
Der Tränenpfuhl

»Verquerer und verquerer!« rief Alice. (Sie war so überrascht, daß sie im Augenblick keinen passenderen Ausdruck fand.) »Jetzt werde ich auseinandergeschoben wie das längste Fernrohr, das es je gab! Lebt wohl, Füße!« (Denn als sie auf ihre Füße hinabsah, konnte sie sie kaum mehr erkennen, so weit fort waren sie schon.) »O meine armen Füßchen! Wer euch wohl nun Schuhe und Strümpfe anziehen wird, denn ich kann es ja unmöglich tun! Ich bin viel zu weit weg, um mich mit euch abzugeben! Ihr müßt sehen, wie ihr allein fertig werdet. Aber gut muß ich zu ihnen sein«, dachte Alice, »sonst gehen sie vielleicht nicht, wohin ich gehen möchte. Laß mich mal überlegen: ich werde ihnen zu jedem Weihnachten ein Paar neue Stiefel schenken.«

Und sie dachte sich aus, wie sie das anfangen würde. »Sie müssen per Fracht kommen«, dachte sie. »Wie drollig es sein wird, seinen eigenen Füßen ein Geschenk zu schicken, und wie komisch die Adresse aussehen wird:

An
Alices rechten Fuß, Wohlgeboren,
Teppich,
nicht weit vom Kamin
(mit Alices Grüßen).

Oh, was für einen Unsinn ich schwatze!«

Gerade in dem Augenblick stieß sie mit dem Kopf an die Decke. Sie war in der Tat über neun Fuß groß geworden. Und sie nahm sogleich den kleinen goldenen Schlüssel auf und rannte zu der Gartentür.

Arme Alice! Das Äußerste, was sie tun konnte, war, auf der Seite liegend mit einem Auge in den Garten zu blinzeln. Aber an ein Hinauskommen war weniger denn je zu denken. Sie setzte sich hin und fing wieder an zu weinen.

»Du solltest dich schämen«, sagte Alice, »solch großes Mädchen« (da hatte sie wohl recht) »und noch so zu weinen! Höre sofort auf, sage ich dir!« Aber sie weinte trotzdem fort und vergoß Tränen eimerweise, bis sich schließlich ein großer Pfuhl um sie bildete, ungefähr vier Zoll tief und den halben Korridor lang.

Nach einem Weilchen hörte sie von fern her Schritte näher tapsen und trocknete schnell ihre Tränen, um zu sehen, wer das sein könnte. Es war das Weiße Kaninchen, das prachtvoll geputzt zurückkam, mit einem Paar weißen Handschuhen in einer Hand und einem Fächer in der anderen. Es

trippelte in großer Eile heran und redete dabei vor sich hin: »Oh, die Herzogin, die Herzogin! Die wird außer sich sein, wenn ich sie warten lasse!« Alice war mittlerweile so ratlos, daß sie jeden um Hilfe angerufen hätte. Als das Kaninchen daher in ihre Nähe kam, fing sie mit leiser, schüchterner Stimme an: »Bitte, lieber Herr.« Das Kaninchen fuhr erschreckt zusammen, ließ die weißen Handschuhe und den Fächer fallen und lief davon in die Nacht hinein, so schnell es konnte.

Alice nahm den Fächer und die Handschuhe auf, und da es in dem Gang sehr heiß war, fächelte sie damit, während sie weiterredete: »Wie seltsam heute alles ist! Und gestern war es noch ganz wie gewöhnlich. Ob ich wohl in der Nacht umgewechselt worden bin? Laß mich mal nachdenken: War ich dieselbe, als ich heute früh aufstand? Es kommt mir fast so vor, als hätte ich eine Veränderung in mir gefühlt. Aber wenn ich nicht dieselbe bin, dann ist die Frage: Wer in aller Welt bin ich? Ja, das ist das Rätsel!« So ging sie in Gedanken alle Kinder ihres Alters durch, die sie kannte, um zu prüfen, ob sie in eins von ihnen verwandelt worden sein könnte.

»Ich bin sicherlich nicht Ida«, sagte sie, »denn die trägt lange Locken, und mein Haar ist gar nicht lockig; und bestimmt kann ich nicht Clara sein, denn ich weiß eine ganze Menge, und sie, oh! sie weiß so sehr wenig! Außerdem, sie ist sie selbst, und ich bin ich, und ach, wie konfus das alles ist! Ich will versuchen, ob ich noch weiß, was ich sonst wußte. Also: vier mal fünf ist zwölf, und vier mal sechs ist dreizehn, und vier mal sieben ist – o weh, auf diese Weise komme ich nie bis zwanzig! Aber, das Einmaleins hat ja nicht soviel zu sagen. Ich will Geographie nehmen. London ist die Hauptstadt von Paris, und Paris ist die Hauptstadt von Rom, und Rom – nein, ich wette, das ist alles falsch! Ich muß in Clara verwandelt sein! Ich will versuchen, ob ich noch ein Gedicht aufsagen kann: ›Bei einem Wirte...‹«, und sie faltete die Hände, als ob sie ihrer Lehrerin eine Aufgabe hersagte, und fuhr fort. Aber ihre Stimme klang rauh und ungewohnt, und die Worte kamen nicht wie sonst:

Bei einem Wirte, wunderwild,
Da war ich jüngst zu Gaste,
Ein Bienennest, das war sein Schild
In einer braunen Tatze.

Es war der grimme Zottelbär,
Bei dem ich eingekehret;
Mit süßem Honigseim hat er
Sich selber wohl genähret!

»Das kommt mir gar nicht richtig vor«, sagte die arme Alice, und Tränen kamen ihr in die Augen, als sie weitersprach: »Ich muß doch Clara sein, und ich werde in dem alten kleinen Haus wohnen müssen und fast keine Spielsachen haben, und ach, so viel zu lernen! Nein, ich bin fest entschlossen: Sollte ich Clara sein, will ich lieber hier unten bleiben! Es wird ihnen nichts helfen, wenn sie die Köpfe zusammenstecken und herunterrufen: ›Komm wieder hoch, Herzchen!‹ Ich werde nur hinaufsehen und sprechen: Wer bin ich denn? Sagt mir das erst, und dann, wenn ich die Person gern bin, will ich kommen, wenn nicht, so will ich hier unten bleiben, bis ich jemand anderes bin. Aber o weh!« schluchzte Alice, »ich wünschte, sie sähen herunter! Es ist mir so langweilig hier ganz allein!«

Als sie so sprach, sah sie auf ihre Hände und bemerkte mit Erstaunen, daß sie beim Reden einen von den kleinen weißen Glacéhandschuhen des Kaninchens übergezogen hatte. »Wie habe ich das nur angefangen?« dachte sie. »Ich muß wieder klein geworden sein.« Sie stand auf, ging zu dem Tisch, um sich daran zu messen, und fand, daß sie jetzt ungefähr zwei Fuß hoch war, dabei schrumpfte sie noch zusehends weiter ein. Sie merkte bald, daß der Grund der Fächer war, den sie hielt. Sie warf ihn schnell weg, noch zur rechten Zeit, um sich vor gänzlichem Verschwinden zu retten. »Da bin ich noch einmal glücklich davongekommen!« sagte Alice, sehr erschrocken über die plötzliche Veränderung, aber froh, daß sie noch existierte, »und nun in den Garten!« Eilig lief sie zu der kleinen Tür, aber die war wieder verschlossen, und das goldene Schlüsselchen lag auf dem Glastisch wie vorher. »Ach, es ist schlimmer denn je«, dachte das arme Kind, »so klein bin ich noch nie gewesen, nein, nie! Es ist zu gräßlich!« Während sie diese Worte sprach, glitt sie aus, und im nächsten Augenblick, platsch! fiel sie bis zum Kinn in Salzwasser. Ihr erster Gedanke war, daß sie ins Meer gefallen sei. »Aber in dem Fall kann ich mit der Eisenbahn zurückreisen«, sagte sie sich. (Alice war einmal in ihrem Leben am Meer gewesen und zu dem allgemeinen Schluß gelangt, daß, wo auch immer man an die Küste kommt, man eine Anzahl Badewagen im Wasser findet und Kinder, die den Sand mit hölzernen Spaten aufgraben, dann eine Reihe Wohnhäuser und dahinter eine Eisenbahnstation.) Doch sie merkte bald, daß sie sich in dem Tränenpfuhl befand, den sie geweint hatte, als sie neun Fuß hoch war.

»Ich wünschte, ich hätte nicht so sehr geweint!« sagte Alice, als sie umherschwamm und sich herauszuhelfen suchte. »Jetzt werde ich wohl dafür bestraft werden und in meinen eigenen Tränen ertrinken. Das wird sonderbar sein. Aber alles ist heute so sonderbar.«

In diesem Augenblick hörte sie nicht weit entfernt etwas in dem Pfuhl plätschern, und sie schwamm näher heran, um zu sehen, was es war. Erst glaubte sie, es müsse ein Walroß oder ein Nilpferd sein. Dann aber besann sie sich, wie klein sie jetzt war, und sagte sich, daß es nur eine Maus sein konnte, die wie sie hineingefallen war. »Würde es wohl etwas nützen«, dachte Alice, »diese Maus anzureden? Alles ist so wunderlich hier unten, daß ich glauben möchte, sie kann sprechen; auf jeden Fall habe ich das Fragen umsonst.« Also fing sie an: »O Maus, weißt du, wie man aus

diesem Pfuhl herauskommt? Ich bin von dem Herumschwimmen ganz müde, o Maus!« (Alice dachte, so würde eine Maus richtig angeredet. Sie hatte es zwar noch nie getan, aber sie erinnerte sich ganz gut, in ihres Bruders lateinischer Grammatik gelesen zu haben: eine Maus – einer Maus – einer Maus – eine Maus – o Maus!) Die Maus sah sie neugierig an und schien ihr mit einem Auge zuzublinzeln, aber sie sagte nichts.

»Vielleicht versteht sie nicht Englisch«, dachte Alice, »es ist vielleicht eine französische Maus, die mit Wilhelm dem Eroberer herübergekommen ist.« (Denn trotz ihrer Geschichtskenntnisse hatte Alice keinen ganz klaren Begriff, wie lange irgendein Ereignis her war.) Sie fing also wieder an: »Où est ma chatte?«, was der erste Satz in ihrem französischen Schulbuch war. Die Maus sprang hoch aus dem Wasser und schien vor Angst am ganzen Leibe zu beben. »Oh, ich bitte um Verzeihung!« rief Alice schnell, erschrocken, daß sie die Gefühle des armen Tiers verletzt hatte. »Ich habe ganz vergessen, daß Sie Katzen nicht mögen.«

»Katzen nicht mögen!« schrie die Maus mit kreischender, wütender Stimme. »Würdest du Katzen mögen, wenn du an meiner Stelle wärst?«
»Nein, wohl kaum«, sagte Alice in beschwichtigendem Ton, »sei nicht mehr böse darüber. Und doch würde ich dir gern unsere Katze Dinah zeigen können. Ich glaube, du würdest Geschmack an Katzen bekommen. Sie ist ein so liebes, ruhiges Tier«, sprach Alice weiter, halb zu sich selbst, während sie gemütlich im Pfuhl umherschwamm. »Sie sitzt so nett schnurrend vor dem Feuer, leckt sich die Pfoten und wäscht sich das Schnäuzchen, und sie ist so hübsch weich auf dem Schoß zu haben, und sie ist ein famoser Mäusefänger – ach, ich bitte um Verzeihung!« rief Alice wieder, denn diesmal sträubte sich das ganze Fell der armen Maus, und Alice dachte, daß sie nun bestimmt tief beleidigt war. »Wir wollen nicht mehr davon reden, wenn du es nicht gern hast.« »Wir, wirklich!« entgegnete die Maus, die bis zur Schwanzspitze zitterte. »Als ob ich je über so etwas sprechen würde. Unsere Familie hat von jeher Katzen verabscheut: häßliche, niedrige, gemeine Dinger! Laß mich diesen Namen nie wieder hören!«
»Nein, gewiß nicht!« sagte Alice, eifrig bemüht, einen anderen Gegenstand der Unterhaltung zu suchen. »Magst du – magst du gern Hunde?« Die Maus antwortete nicht, daher fuhr Alice eifrig fort: »Es wohnt ein reizender kleiner Hund nicht weit von unserem Haus. Den möchte ich dir zeigen können! Ein kleiner Wachtelhund mit glänzenden Augen, weißt

du, ach, und mit solch krausem braunen Fell! Und er apportiert alles, was man ihm hinwirft, und er kann aufrecht stehen und um sein Essen betteln und so viele Kunststücke – ich kann mich kaum auf die Hälfte besinnen –, und er gehört einem Amtmann, weißt du, und der sagt, er ist so nützlich, er ist ihm hundert Pfund wert! Er sagt, er vertilgt alle Ratten und – o wie dumm!« rief Alice in reumütigem Ton. »Ich fürchte, ich habe ihr wieder weh getan!« Denn die Maus schwamm, so schnell sie konnte, von ihr fort und brachte den ganzen Pfuhl dadurch förmlich in Bewegung.

Alice rief ihr zärtlich nach: »Liebes Mäuschen! Komm wieder zurück, und wir wollen weder von Katzen noch von Hunden reden, wenn du sie nicht gern hast!« Als die Maus das hörte, wandte sie sich um und schwamm langsam zu ihr zurück. Das Gesicht war ganz blaß (vor Ärger, dachte Alice), und die Maus sagte mit leiser, zitternder Stimme: »Komm mit mir ans Ufer, da will ich dir meine Geschichte erzählen. Dann wirst du begreifen, warum ich Katzen und Hunde nicht leiden kann.«

Es war höchste Zeit, hier wegzukommen, denn der Pfuhl begann von allerlei Vögeln und Getier zu wimmeln, die hineingefallen waren: da war eine Ente und ein Dodo, ein roter Papagei und ein junger Adler und mehrere andere merkwürdige Geschöpfe. Alice führte sie alle an, und die ganze Gesellschaft schwamm ans Ufer.

Drittes Kapitel
Ein Caucus-Rennen und was daraus wird

Es war in der Tat eine wunderliche Gesellschaft, die sich am Ufer versammelte, die Vögel mit triefenden Federn, die übrigen Tiere mit fest anklebendem Fell, alle durch und durch naß, verstimmt und unbehaglich. Die erste Frage war, wie sie sich trocknen könnten. Es wurde eine Beratung darüber gehalten, und nach wenigen Minuten kam es Alice ganz natürlich vor, vertraulich mit ihnen zu schwatzen, als ob sie sie ihr ganzes Leben lang gekannt hätte. Sie hatte sogar eine lange Auseinandersetzung mit dem Papagei, der zuletzt brummig wurde und nur noch sagte: »Ich bin älter als du und muß es besser wissen.« Dies wollte Alice nicht zugeben und fragte nach seinem Alter, und da der Papagei es durchaus nicht sagen wollte, so blieb die Sache unentschieden.

Schließlich rief die Maus, welche eine Person von Gewicht unter ihnen zu sein schien: »Setzt euch, ihr alle, und hört mir zu! Ich werde euch bald genug trocken machen!« Alle setzten sich sogleich in einem großen Kreis nieder, die Maus in der Mitte. Alice richtete ihre Augen erwartungsvoll auf sie, denn sie war überzeugt, sich entsetzlich zu erkälten, wenn sie nicht sehr bald trocken würde.

»Hm!« sagte die Maus mit wichtiger Miene, »seid ihr alle so weit? Es ist das Trockenste, worauf ich mich besinnen kann. Seid alle still, wenn ich bitten darf! Wilhelm der Eroberer, dessen Ansprüche vom Papst begünstigt wurden, fand bald Anhänger unter den Engländern, die einen Anführer brauchten und die in jener Zeit sehr unter Eroberungen gelitten hatten. Edwin und Morcar, Grafen von Mercia und Northumbria –«

»Ooooh!« gähnte der Papagei und schüttelte sich.

»Bitte um Verzeihung!« sprach die Maus mit gerunzelter Stirn, aber sehr höflich, »bemerkten Sie etwas?«

»Ich nicht!« erwiderte schnell der Papagei.

»Es kam mir so vor«, sagte die Maus. »Ich fahre fort: Edwin und Morcar, Grafen von Mercia und Northumbria, entschieden sich für ihn, und selbst Stigand, der patriotische Erzbischof von Canterbury, fand es ratsam –«

»Fand *was*?« unterbrach die Ente.

»Fand *es*«, antwortete die Maus ziemlich aufgebracht, »du wirst doch wohl wissen, was *es* bedeutet.«

»Ich weiß sehr wohl, was *es* bedeutet, wenn ich irgend etwas finde«, sagte die Ente. »*Es* ist gewöhnlich ein Frosch oder ein Wurm. Die Frage ist, was fand der Erzbischof?«

Die Maus beachtete die Frage nicht, sondern fuhr hastig fort: » – fand es ratsam, von Edgar Atheling begleitet, Wilhelm entgegenzugehen und ihm die Krone anzubieten. Wilhelms Benehmen war zuerst gemäßigt, aber die

Unverschämtheit seiner Normannen – Wie fühlst du dich jetzt, meine Liebe?« fuhr sie, sich an Alice wendend, fort.

»Noch genauso naß«, sagte Alice schwermütig, »es scheint mich gar nicht trocken zu machen.«

»In dem Fall«, sagt der Dodo feierlich, indem er sich erhob, »stelle ich den Antrag, daß die Versammlung sich vertagt und zur unmittelbaren Anwendung von wirksameren Mitteln schreitet.«

»Sprich deutlich!« sagte der Adler. »Ich verstehe den Sinn deiner langen Wörter nicht, und ich wette, du auch nicht!« Und der Adler bückte sich, um ein Lächeln zu verbergen, einige der anderen Vögel kicherten hörbar.

»Was ich sagen wollte«, sprach der Dodo in gereiztem Ton, »war, daß das beste Mittel, uns zu trocken, ein Caucus-Rennen wäre.«

»Was ist ein Caucus-Rennen?« fragte Alice, nicht etwa, weil ihr viel daran lag, es zu wissen, aber der Dodo hatte eine Pause gemacht, als ob er eine Frage erwartete, und niemand sonst schien dazu aufgelegt zu sein.

»Nun«, meinte der Dodo, »die beste Art, es zu erklären, ist, es zu spielen.« (Und da ihr vielleicht das Spiel selbst an einem Winternachmittag versuchen möchtet, so will ich erzählen, wie der Dodo es anfing.)

Zuerst markierte er die Bahn, eine Art Kreis (»es kommt nicht genau auf die Form an«, sagte er), und dann wurde die ganze Gesellschaft auf der Bahn aufgestellt. Es wurde nicht »eins, zwei, drei, los!« gezählt, sondern sie fingen alle an zu laufen, wenn es ihnen einfiel, hörten auf, wie es ihnen einfiel, so daß es nicht leicht zu entscheiden war, wann das Rennen zu Ende war. Als sie jedoch ungefähr eine halbe Stunde gerannt und vollständig getrocknet waren, rief der Dodo plötzlich: »Das Rennen ist aus!« Und sie drängten sich um ihn, außer Atem, mit der Frage: »Aber wer hat gewonnen?«

Diese Frage konnte der Dodo nicht ohne tiefes Nachdenken beantworten, und er saß lange mit einem Finger an die Stirn gelegt (die Stellung, in der ihr meistens Shakespeare auf seinen Bildern seht), während die übrigen schweigend auf ihn warteten. Endlich sprach der Dodo: »Jeder hat gewonnen, und alle sollen Preise haben.«

»Aber wer soll die Preise geben?« fragte ein ganzer Chor von Stimmen.

»Versteht sich, sie!« sagte der Dodo, mit dem Finger auf Alice zeigend, und sogleich umringte sie die ganze Gesellschaft, und alle riefen durcheinander: »Preise, Preise!«

Alice wußte nicht im geringsten, was da zu tun sei. In ihrer Verzweiflung fuhr sie mit der Hand in die Tasche und zog eine Schachtel Zuckerplätzchen hervor (glücklicherweise war das Salzwasser nicht hineingedrungen). Die verteilte sie als Preise. Sie reichten gerade herum, eins für jeden.

»Aber sie selbst muß auch einen Preis bekommen, wißt ihr«, sagte die gerechte Maus.

»Versteht sich«, entgegnete der Dodo ernst. »Was hast du noch in der Tasche?« fuhr er zu Alice gewandt fort.

»Nur einen Fingerhut«, sagte Alice traurig.

»Gib ihn mir herüber«, sagte der Dodo. Darauf versammelten sich wieder alle um sie, während der Dodo ihr den Fingerhut feierlich überreichte mit den Worten: »Wir bitten, Sie wollen uns gütigst mit der Annahme dieses eleganten Fingerhuts beehren.« Und als er diese kurze Rede beendet hatte, folgte allgemeines Beifallklatschen.

Alice fand dies alles höchst albern. Aber die ganze Gesellschaft sah dabei so ernsthaft aus, daß sie nicht zu lachen wagte, und da ihr keine passende Antwort einfiel, verbeugte sie sich einfach und nahm den Fingerhut ganz ehrbar in Empfang.

Nun mußten zunächst die Zuckerplätzchen verzehrt werden, was nicht wenig Lärm und Verwirrung hervorrief. Die großen Vögel nämlich beklagten sich, daß sie nichts schmecken konnten, die kleinen aber verschluckten sich und mußten auf den Rücken geklopft werden. Endlich war auch dies vollbracht, und alle setzten sich wieder im Kreis herum und bedrängten das Mäuslein, noch etwas zu erzählen.

»Du hast mir deine Geschichte versprochen«, sagte Alice. »Und woher es

kommt, daß du K. und H. nicht leiden kannst«, fügte sie leise hinzu, um das niedliche Tierchen nicht wieder böse zu machen.

»Ach«, seufzte das Mäuslein, »ihr macht euch ja aus meinem Erzählen doch nichts. Ich bin euch mit meiner Geschichte zu langschwänzig und zu tragisch.« Dabei sah es Alice fragend an.

»Langschwänzig! Das muß wahr sein!« rief Alice und sah nun erst mit rechter Bewunderung auf den geringelten Schwanz der Maus hinab, »aber wieso tragisch, was trägst du denn?« Und während sie noch darüber nachsann, fing die langschwänzige Geschichte auch schon an, folgendergestalt:

Filar sprach zu
der Maus, die
er traf
in dem
Haus:
»Geh mit
mir vor
Gericht,
daß ich
dich
verklage.
Komm und
wehr dich
nicht mehr;
ich muß
haben ein
Verhör,
denn ich
habe
nichts
zu tun
schon
zwei
Tage.«
Sprach die
Maus zum
Köter:
»Solch
Verhör,
lieber Herr,
ohne
Richter,
ohne
Zeugen
tut nicht
Not.«
»Ich bin
Zeuge,
ich bin
Richter«,
sprach
er schlau
und schnitt
Gesichter,
»das Verhör
leite ich
und
verdamme
dich
zum
Tod!«

»Du paßt nicht auf!« sagte die Maus streng zu Alice. »Woran denkst du?«

»Ich bitte um Verzeihung«, sagte Alice bescheiden, »du warst bis zur fünften Biegung gekommen, glaube ich?«

»Mitnichten!« sagte die Maus entschieden und sehr ärgerlich.

»Nichten!« rief Alice, die gern neue Bekanntschaften machte, und sah sich neugierig überall um. »Oh, wo sind sie, deine Nichten? Laß mich dir helfen, sie zu holen!«

»Das werde ich schön bleiben lassen«, sagte die Maus, indem sie aufstand. »Deinen Unsinn kann ich mir nicht mehr anhören!«

»Ich meinte es nicht böse!« entschuldigte sich die arme Alice. »Aber du bist wirklich sehr empfindlich!«

Das Mäuslein brummte nur als Antwort und ging fort.

»Bitte, komm wieder und erzähle deine Geschichte zu Ende!« rief Alice ihr nach, und die anderen wiederholten im Chor: »Ja bitte!« Aber das Mäuschen schüttelte unwillig den Kopf und lief schnell weiter.

»Wie schade, daß die Maus nicht bleiben wollte!« seufzte der Papagei, sobald sie nicht mehr zu sehen war, und eine alte Unke nahm die Gelegenheit wahr, zu ihrer Tochter zu sagen, »Ja, mein Kind, laß dir dies eine Lehre sein, niemals üble Laune zu haben!« – »Halt den Mund, Mama!« sagte die junge Unke etwas naseweis. »Wahrhaftig, du würdest die Geduld einer Auster erschöpfen!«

»Ich wünschte, ich hätte unsere Dinah hier, ja, das wünschte ich!« sagte Alice laut, ohne jemanden insbesondere anzureden. »Sie würde sie bald zurückholen!«

»Und wer ist Dinah, wenn ich fragen darf?« sagte der Papagei.

Alice antwortete eifrig, denn sie sprach gar zu gern von ihrem Liebling: »Dinah ist unsere Katze. Und sie ist so geschickt im Mäusefangen, ihr könnt's euch gar nicht vorstellen! Und ach, ihr hättet sie nur mal Vögel jagen sehen sollen. Ich sage euch, sie frißt einen kleinen Vogel, sobald sie ihn zu Gesicht bekommt.«

Diese Mitteilung verursachte große Aufregung in der Gesellschaft. Einige der Vögel machten sich augenblicklich davon, eine alte Elster versuchte, sich sorgfältig zu verhüllen, und bemerkte: »Ich muß wirklich nach Hause gehen, die Nachtluft ist nicht gut für meinen Hals!« Und ein Kanarienvogel piepte zitternd zu seinen Kleinen: »Kommt fort, Kinder! Es ist höchste Zeit für euch, ins Bett zu gehen!« Unter verschiedenen Entschuldigungen entfernten sich alle, und Alice war bald ganz allein.

»Hätte ich nur Dinah nicht erwähnt!« sprach sie bei sich in betrübtem Ton. »Niemand scheint sie gern zu haben hier unten, und dabei ist sie doch die beste Katze von der Welt! Oh, meine liebe Dinah! Ob ich dich wohl je wiedersehen werde!« Und dabei fing die arme Alice von neuem zu weinen an, denn sie fühlte sich gar zu einsam und mutlos. Nach einem Weilchen jedoch hörte sie wieder ein Trippeln von Schritten näher kommen und blickte aufmerksam hin, halb in der Hoffnung, daß die Maus sich besonnen habe und zurückgekommen sei, um ihre Geschichte zu Ende zu erzählen.

Viertes Kapitel
Die Wohnung des Kaninchens

Es war das Weiße Kaninchen, das langsam zurückgewandert kam, indem es sorgfältig beim Gehen umhersah, als ob es etwas verloren hätte, und Alice hörte, wie es vor sich hinmurmelte: »Die Herzogin! Die Herzogin! Oh, meine weichen Pfoten! Oh, mein Fell und mein Schnurrbart! Sie wird mich hängen lassen, so gewiß Frettchen Frettchen sind! Wo kann ich sie nur verloren haben, ich begreife das nicht!« Alice erriet augenblicklich, daß es den Fächer und die weißen Glacéhandschuhe meinte, und gutmütig fing sie an, danach umherzusuchen, aber sie waren nirgends zu sehen. Alles schien seit ihrem Bad in dem Pfuhl verwandelt zu sein, und der weite Gang mit dem Glastisch und der kleinen Tür war sogar gänzlich verschwunden.

Das Kaninchen bemerkte Alice sehr bald und wie sie überall herumsuchte und rief ihr ärgerlich zu: »Was, Marianne, was hast du hier zu schaffen? Renne augenblicklich nach Hause und hole mir ein Paar Handschuhe und einen Fächer! Schnell, vorwärts!« Alice war so erschrocken, daß sie schnell in die angedeutete Richtung fortlief, ohne dem Kaninchen zu erklären, daß es sich um einen Irrtum handeln mußte.

»Es hält mich für sein Hausmädchen«, sprach sie zu sich selbst und lief weiter. »Wie es sich wundern wird, wenn es erfährt, wer ich bin! Aber ich will ihm lieber seinen Fächer und seine Handschuhe bringen, ich meine, wenn ich sie finden kann.« Während sie so sprach, kam sie an ein nettes kleines Haus, an dessen Tür ein glänzendes Messingschild war mit dem

Namen »W. Kaninchen« darauf. Sie ging hinein, ohne anzuklopfen, lief die Treppe hinauf, in großer Angst, der wirklichen Marianne zu begegnen und zum Hause hinausgewiesen zu werden, ehe sie den Fächer und die Handschuhe gefunden hatte.

»Wie komisch es doch ist«, sagte Alice zu sich, »Besorgungen für ein Kaninchen zu machen! Vermutlich wird mir auch Dinah nächstens Aufträge geben!« Und sie dachte sich schon aus, wie es alles ablaufen würde: »Fräulein Alice! Kommen Sie sofort, es ist Zeit zum Ausgehen für Sie!« – »Gleich, Kinderfrau! Aber ich muß dieses Mauseloch hier bewachen, bis Dinah zurück ist, und aufpassen, daß die Maus nicht herauskommt.« »Nur würde Dinah«, dachte Alice weiter, »gewiß nicht im Hause bleiben dürfen, wenn sie anfinge, die Leute so herumzukommandieren.«

Mittlerweile war sie in ein sauberes kleines Zimmer gelangt, mit einem Tisch vor dem Fenster und darauf (wie sie gehofft hatte) ein Fächer und zwei oder drei Paar winzige weiße Glacéhandschuhe. Sie nahm den Fächer und ein Paar Handschuhe und wollte eben das Zimmer verlassen, als ihr Blick auf ein Fläschchen fiel, das vor dem Spiegel stand. Diesmal klebte kein Zettel daran mit den Worten »Trink mich«, aber trotzdem zog sie den Pfropfen heraus und setzte das Fläschchen an die Lippen. »Ich weiß, es muß etwas Merkwürdiges geschehen, sobald ich esse oder trinke. Drum will ich versuchen, was dies Fläschchen tut. Ich hoffe, es wird mich wieder größer machen, denn es ist sehr langweilig, solch winzig kleines Ding zu sein!«

So war es auch, und zwar schneller, als sie erwartet hatte. Ehe sie das Fläschchen halb ausgetrunken hatte, fühlte sie, wie ihr Kopf an die Decke stieß, und sie mußte sich rasch bücken, um sich nicht den Hals zu brechen. Sie stellte die Flasche hin, indem sie zu sich sagte: »Das ist völlig genug, ich hoffe, ich werde nicht weiterwachsen, denn ich kann so schon nicht zur Tür hinaus. Hätte ich nur nicht soviel getrunken!«

O weh! Der Wunsch kam zu spät. Sie wuchs und wuchs und mußte sich schnell auf den Fußboden niederknien. Im nächsten Augenblick hatte sie selbst in dieser Lage nicht mehr genug Platz. Sie legte sich nun hin, den einen Ellbogen gegen die Tür gestemmt und den anderen Arm unter den Kopf geschlungen. Immer noch wuchs sie weiter, und als letzten Ausweg streckte sie einen Arm zum Fenster hinaus und einen Fuß in den Kamin hinauf und sprach zu sich selbst: »Nun kann ich nichts mehr tun, was auch geschehen mag. Was wird nur aus mir werden?«

Zum Glück für Alice hatte das Zauberfläschchen jetzt seine volle Wirkung getan, und sie wuchs nicht weiter. Aber es war sehr unbequem, und

da durchaus keine Aussicht war, je wieder aus dem Zimmer hinauszukommen, so war sie natürlich sehr unglücklich.

»Es war doch viel besser zu Hause«, dachte die arme Alice, »wo man nicht fortwährend größer und kleiner wurde und sich nicht von Mäusen und Kaninchen kommandieren zu lassen brauchte. Ich wünschte fast, ich wäre nicht in den Kaninchenbau hineingelaufen, aber trotzdem, trotzdem, es ist doch komisch, diese Art Leben! Ich möchte nur wissen, was eigentlich mit mir vorgangen ist. Wenn ich Märchen gelesen habe, dachte ich immer, so etwas käme nie vor, nun bin ich mittendrin in einem! Es sollte ein Buch über mich geschrieben werden, und wenn ich groß bin, will ich eins schreiben. Aber ich bin ja schon groß«, sprach sie betrübt weiter, »wenigstens ist hier kein Platz mehr übrig, um noch zu wachsen.«

»Aber«, dachte Alice, »werde ich denn nie älter werden, als ich jetzt bin? Das wäre ein Trost, nie eine alte Frau zu sein, aber dann müßte ich ja immer Aufgaben lernen! O nein, das möchte ich auch nicht gern!«

»Oh, du einfältige Alice«, schalt sie sich. »Wie kannst du hier Aufgaben lernen? Sieh doch, es ist kaum Platz genug für dich, viel weniger für irgendein Schulbuch!«

Und so redete sie fort, bedachte mal die eine, mal die andere Seite und hatte so eine richtige Unterhaltung mit sich selbst. Aber nach einigen Minuten hörte sie draußen eine Stimme und schwieg, um zu horchen. »Marianne! Marianne!« sagte die Stimme, »hole mir sofort meine Handschuhe!« Dann kam ein Trippeln von kleinen Füßen die Treppe herauf. Alice wußte, daß es das Kaninchen war, das sie suchte, und sie zitterte so sehr, daß sie das ganze Haus erschütterte, denn sie hatte völlig vergessen, daß sie inzwischen wohl tausendmal so groß wie das Kaninchen war und keinen Grund hatte, sich vor ihm zu fürchten.

Jetzt stand das Kaninchen vor der Tür und wollte sie aufmachen. Da sie aber nach innen aufging und Alice den Ellbogen fest dagegen gestemmt hatte, so war es ein vergeblicher Versuch. Alice hörte, wie das Kaninchen vor sich hinsprach: »Dann werde ich um das Haus herumgehen und durch das Fenster einsteigen.«

»Das wirst du nicht tun«, dachte Alice, und nachdem sie gewartet hatte, bis sie das Kaninchen dicht unter dem Fenster zu hören glaubte, streckte sie mit einem Mal ihre Hand aus und griff in die Luft. Sie faßte zwar nichts, hörte aber einen schwachen Schrei und einen Sturz, dann das Geklirr von zerbrochenem Glas, woraus sie schloß, daß das Kaninchen wahrscheinlich in ein Gurkenbeet gefallen war oder etwas dergleichen. Danach hörte sie eine ärgerliche Stimme, die des Kaninchens: »Pat! Pat!

Wo bist du?« Und dann eine völlig unbekannte Stimme: »Wo soll ich sind? Ich bin hier und jrabe Äpfel aus, Euer Jnaden!«

»Äpfel ausgraben? So, so!« sagte das Kaninchen ärgerlich. »Komm lieber her und hilf mir hier heraus!« (Noch mehr Geklirr von Glasscherben.)

»Nun sage mir, Pat, was ist das da oben im Fenster?«

»Wat soll's sind? 's is en Arm, Euer Jnaden!« (Er sagte »Aam« statt Arm).

»Ein Arm, du Esel! Wer hat je einen so großen Arm gesehen? Er nimmt ja das ganze Fenster ein!«

»Des tut er, Euer Jnaden, aber en Arm is es, und en Arm bleibt es.«

»Jedenfalls hat er da nichts zu suchen. Geh und schaffe ihn fort!« sagte das Kaninchen.

Darauf folgte eine lange Pause, und Alice hörte nur hin und wieder einzelne Worte flüstern, wie: »Zu dienen, des gefällt mer nich, Euer Jnaden, jar nich, jar nich!« – »Tu, was ich dir sage, feige Memme!« Schließlich streckte Alice die Hand wieder aus und tat einen Griff in die Luft. Diesmal hörte sie zwei kleine Schreie und noch mehr Geklirr von Glasscherben. »Da müssen ja viele Gurkenbeete sein!« dachte Alice, »Ich bin neugierig, was sie nun tun werden! Mich zum Fenster hinausziehen? Ja, wenn sie das nur könnten! Ich möchte wahrlich nicht gern länger hier bleiben!«

Sie wartete eine Zeitlang, ohne etwas zu hören. Dann endlich kam ein Rattern von kleinen Leiterwagen näher und der Lärm von einer Menge Stimmen, die alle durcheinander redeten. Sie verstand die Worte: »Wo ist die andere Leiter? – Ich sollte ja nur eine bringen, Wabbel hat die andere. – Wabbel, bring sie her, Junge! – Lehnt sie hier gegen diese Ecke! – Nein, sie müssen erst zusammengebunden werden. – Sie reichen nicht mal halb hinauf. – Ach, sie werden schon reichen, seid nicht so umständlich. – Hier, Wabbel, fang den Strick! – Wird das Dach auch tragen? – Nimm dich vor den losen Ziegeln in acht! Oh, da kommt einer runter! Köpfe weg!« (ein lautes Krachen) – »Wessen Schuld war das? – Wabbels, glaube ich. – Wer steigt in den Schornstein? – Ich nicht, auf keinen Fall! Mach du es doch! – Nicht ich, meiner Treu! – Wabbel kann hineinsteigen. – Hier, Wabbel! Der Herr sagt, du sollst in den Schornstein steigen!«

»So, also Wabbel soll durch den Schornstein hereinkommen, wirklich?« sagte Alice zu sich selbst. »Sie scheinen mir alles auf Wabbel zu schieben. Ich möchte um nichts in der Welt an Wabbels Stelle sein. Der Kamin ist bestimmt eng, aber ein Stück werde ich doch wohl mit dem Fuß hineinstoßen können!« Sie schob ihn so weit in den Kamin, wie sie konnte, und wartete, bis sie ein kleines Tier (sie konnte nicht raten, was für eine Art es war) in dem Kamin kratzen und klettern hörte. Als es dicht über ihr war, sprach sie bei sich: »Das ist Wabbel«, gab noch einen kräftigen Stoß in die Höhe und wartete dann der Dinge, die da kommen würden.

Als erstes hörte sie einen vielstimmigen Chor: »Da fliegt Wabbel!« Dann die Stimme des Kaninchens: »Fangt ihn auf, ihr da bei der Hecke!« Darauf

Stillschweigen, dann wieder verworrene Stimmen: »Haltet ihm den Kopf! – Etwas Branntwein! – Ersticke ihn doch nicht! – Wie geht's, alter Junge? Was ist dir denn geschehen? Erzähle uns alles!«

Schließlich kam eine kleine schwache, piepsende Stimme (»das ist Wabbel«, dachte Alice): »Ich weiß es ja selbst nicht. – Keinen Schluck mehr, danke! Ich fühle mich schon viel besser, aber ich bin zu aufgeregt, um es euch zu erzählen. – Ich weiß nur noch, da kommt plötzlich ein Ding in die Höhe geschossen wie ein Schachtelmännchen, und ich schieße hoch wie 'ne Rakete!«

»Ja, das hast du getan, alter Junge!« sagten die anderen.

»Wir müssen das Haus niederbrennen!« rief das Kaninchen. Da schrie Alice so laut sie konnte: »Wenn ihr das tut, dann werde ich Dinah auf euch hetzen!«

Sogleich entstand tiefes Schweigen, und Alice dachte bei sich: »Was sie wohl jetzt tun werden? Wenn sie Menschenverstand hätten, würden sie das Dach abreißen.« Nach ein oder zwei Minuten fingen sie wieder an sich zu rühren, und Alice hörte das Kaninchen sagen: »Eine Karre voll ist vorderhand genug.«

»Eine Karre voll was?« dachte Alice. Doch blieb sie nicht lange im Zweifel, denn im nächsten Augenblick kam ein Hagel kleiner Kieselsteine zum Fenster hereingeflogen, von denen einige sie direkt ins Gesicht trafen. »Dem muß ich ein Ende machen«, sagte sie sich und schrie hinaus: »Das laßt mir gefälligst bleiben!« Worauf wieder tiefe Stille folgte.

Alice bemerkte mit einigem Erstaunen, daß sich die Kiesel alle in kleine Kuchen verwandelten, sobald sie auf dem Boden lagen, und dies brachte sie auf einen glänzenden Gedanken. »Wenn ich einen von diesen Kuchen esse«, dachte sie, »wird es gewiß meine Größe verändern; und da ich unmöglich noch mehr wachsen kann, so wird es mich wohl kleiner machen, vermute ich.«

Also schluckte sie einen kleinen Kuchen herunter und merkte zu ihrem Entzücken, daß sie sogleich schrumpfte. Sobald sie klein genug war, um durch die Tür zu gehen, rannte sie zum Haus hinaus und fand einen regelrechten Auflauf von kleinen Tieren und Vögeln davor. Die arme Eidechse, Wabbel, stand in der Mitte, von zwei Meerschweinchen gestützt, die ihm etwas aus einer Flasche einflößten. Es war ein allgemeiner Sturm auf Alice, sobald sie sich zeigte. Sie lief aber so schnell sie konnte davon und landete sicher in einem dichten Gebüsch.

»Das wichtigste, was ich nun zu tun habe«, sprach Alice bei sich, während sie in dem Wäldchen umherwanderte, »ist, meine richtige Größe wiederzubekommen, und dann muß ich den Weg zu dem wunderhübschen Garten finden. Ja, das wird der beste Plan sein.«

Es klang freilich wie ein vortrefflicher Plan, und er war recht ordentlich und einfach ausgedacht. Die einzige Schwierigkeit war, daß sie nicht die geringste Vorstellung hatte, wie sie ihn ausführen sollte. Und während sie so ängstlich zwischen den Bäumen umherguckte, hörte sie plötzlich ein kurzes scharfes Bellen gerade über ihrem Kopf und blickte eilig auf.

Ein riesiger junger Hund sah mit seinen hervorstehenden runden Augen zu ihr herab und machte den schwachen Versuch, eine Pfote auszustrekken und sie zu berühren. »Armes kleines Ding!« sagte Alice in liebkosendem Ton und gab sich alle Mühe, ihm zu pfeifen. Dabei hatte sie aber große Angst, er könnte hungrig sein, denn dann würde er sie wahrscheinlich auffressen, trotz aller Schmeicheleien.

Ohne recht zu wissen, was sie tat, nahm sie ein Stöckchen auf und hielt es ihm hin, worauf das ungeschickte Tier mit allen vier Füßen zugleich in die Höhe sprang, vor Entzücken laut bellte, auf das Stöckchen losschoß und so tat, als wolle er es in Stücke reißen. Alice wich ihm aus hinter eine große Distel, um nicht überrannt zu werden. Sobald sie auf der anderen Seite hervorkam, lief der junge Hund wieder auf das Stöckchen los und fiel in seiner Hast, es zu fangen, kopfüber hin. Alice, der es vorkam, als ob sie mit einem Fuhrmannsgaul Zeck spiele, und die jeden Augenblick fürchtete, unter seine Füße zu geraten, versteckte sich wieder hinter der Distel. Da machte der junge Hund ein paar kurze Anläufe auf das Stöckchen zu, wobei er jedesmal ein klein wenig vorwärts und ein gutes Stück zurückrannte und sich heiser bellte, bis er sich endlich mit heraushängender Zunge und halbgeschlossenen Augen ganz außer Atem hinsetzte. Dies schien Alice eine gute Gelegenheit zu sein, fortzukommen. Sie rannte also gleich los und rannte, bis sie ganz müde war und keine Luft mehr bekam und das Bellen nur noch schwach in der Ferne zu hören war.

»Und doch war es ein lieber kleiner Hund!« sagte Alice, indem sie sich an eine Butterblume lehnte, um auszuruhen, und sich mit einem der Blätter Luft zufächelte. »Ich hätte ihn gern Kunststücke gelehrt, wenn – wenn ich nur groß genug dazu gewesen wäre! O ja! Das hätte ich beinah vergessen, ich muß ja machen, daß ich wieder wachse! Aber wie fängt man das an? Ich denke, ich sollte irgend etwas essen oder trinken, die Frage ist nur, was?« Das war in der Tat die große Frage. Alice betrachtete alle Blumen und Grashalme um sich herum, aber gar nichts sah danach aus, als ob es das Rechte sei, es unter diesen Umständen essen oder trinken zu müssen. Ganz in der Nähe wuchs ein großer Pilz, ungefähr so hoch wie sie.

Nachdem sie ihn sich von unten, von beiden Seiten, rückwärts und vorwärts betrachtet hatte, kam es ihr in den Sinn, nachzusehen, was oben drauf war. Sie stellte sich also auf die Fußspitzen und guckte über den Rand des Pilzes, und sogleich begegnete ihr Blick dem einer großen blauen Raupe, die mit gekreuzten Armen da oben saß und ruhig aus einer langen Wasserpfeife rauchte, ohne die geringste Notiz von ihr oder sonst irgend etwas zu nehmen.

Fünftes Kapitel
Guter Rat von einer Raupe

Die Raupe und Alice sahen sich eine Zeitlang schweigend an. Endlich nahm die Raupe die Wasserpfeife aus dem Mund und redete sie mit matter, schläfriger Stimme an. »Wer bist du?« fragte die Raupe.

Das war kein sehr ermutigender Anfang einer Unterhaltung. Alice antwortete etwas befangen: »Ich – ich weiß es nicht recht, in diesem Augenblick – wenigsten weiß ich, wer ich heut früh war, als ich aufstand; aber ich glaube, ich muß seitdem ein paarmal verwechselt worden sein.«

»Was meinst du damit?« sagte die Raupe. »Erkläre dich deutlicher!«

»Ich kann mich nicht deutlicher erklären, fürchte ich, Raupe«, sagte Alice, »weil ich nicht ich bin, sehen Sie.«

»Ich sehe es nicht«, sagte die Raupe.

»Ich kann es wirklich nicht besser ausdrücken«, erwiderte Alice sehr höflich, »denn ich kann es selbst nicht begreifen. Wenn man an einem Tage so oft klein und dann wieder groß wird, ist man ganz verwirrt.«

»Nein, das ist man nicht«, sagte die Raupe.

»Vielleicht haben Sie es noch nicht versucht«, sagte Alice. »Aber wenn Sie sich in eine Puppe verwandeln werden, und das müssen Sie ja über kurz oder lang, wie Sie wissen, und dann in einen Schmetterling, da werden Sie sich doch ein wenig komisch fühlen, nicht wahr?«

»Durchaus nicht«, sagte die Raupe.

»Nun, Sie haben wahrscheinlich genug andere Gefühle«, sagte Alice. »Ich weiß nur, daß ich mich sehr komisch fühlen würde.«

»Du!« sagte die Raupe verächtlich. »Wer bist *du* denn?«

Was sie wieder zum Anfang der Unterhaltung zurückbrachte. Alice war ärgerlich, daß die Raupe so kurz angebunden war. Sie reckte sich in die Höhe und sprach: »Sie sollten mir erst einmal sagen, wer *Sie* sind!«

»Weshalb?« fragte die Raupe. Das war wieder eine schwierige Frage. Und da Alice keinen guten Grund finden konnte und die Raupe sehr schlechter Laune zu sein schien, so ging sie ihrer Wege. »Komm zurück!« rief ihr die Raupe nach, »ich habe dir etwas Wichtiges zu sagen!«

Das klang allerdings einladend. Alice kehrte wieder um und kam zu ihr zurück. »Sei nicht so empfindlich«, sagte die Raupe.

»Ist das alles?« fragte Alice, ihren Ärger so gut sie konnte verbergend.

»Nein«, sagte die Raupe.

Alice dachte, doch noch eine Weile zu warten, da sie sonst nichts zu tun hatte, und vielleicht würde die Raupe ihr noch etwas sagen, das der Mühe wert war. Einige Minuten lang rauchte die Raupe weiter, ohne zu reden. Aber schließlich nahm sie die Wasserpfeife aus dem Mund und sprach: »Du glaubst also, du bist verwandelt worden?«

»Ich fürchte es fast, Raupe«, sagte Alice, »ich kann mich an Sachen nicht erinnern wie sonst, und ich werde alle zehn Minuten größer oder kleiner.«

»An *welche* Sachen kannst du dich nicht erinnern?« fragte die Raupe.

»Ach, ich habe versucht aufzusagen ›Bei einem Wirte …‹, aber es kam ganz anders heraus!« antwortete Alice in niedergeschlagenem Ton.

»Sag auf ›Ihr seid alt, Vater Martin‹«, sagte die Raupe.

Alice faltete die Hände und fing an:

»Ihr seid alt, Vater Martin«, so sprach Junker Tropf,
»Euer Haar ist schon lange ganz weiß;
Doch steht Ihr so gerne noch auf dem Kopf.
Macht Euch denn das nicht zu heiß?«

»Als ich jung war«, der Vater zur Antwort gab,
»Da glaubt' ich, fürs Hirn sei's nicht gut;
Doch seit ich entdeckt, daß ich gar keines hab',
So tu ich's mit fröhlichem Mut.«

»Ihr seid alt«, sprach der Sohn, »wie schon gesagt,
Und geworden ein gar dicker Mann;
Drum sprecht, wie Ihr rücklings den Purzelbaum schlagt.
Potztausend! wie fangt Ihr's nur an?«

»Als ich jung war«, der Alte mit Kopfschütteln sagt',
»Da rieb ich die Glieder mir ein
Mit der Salbe hier, die sie geschmeidig macht.
Für zwei Groschen Courant ist sie dein.«

»Ihr seid alt«, sprach der Bub, »und könnt nicht recht kau'n,
Und solltet euch nehmen in acht;
Doch aßt Ihr die Gans mit Schnabel und Klau'n;
Wie habt Ihr das nur gemacht?«

»Ich war früher Jurist, hab' viel disputiert,
Besonders mit meiner Frau;
Das hat mir die Kiefer so einexerciert,
Daß ich jetzt noch mit Leichtigkeit kau'!«

»Ihr seid alt«, sagt der Sohn, »und habt nicht viel Witz,
Und doch seid Ihr so geschickt;
Balanciert einen Aal auf der Nasenspitz'!
Wie ist Euch das nur geglückt?«

»Drei Antworten gab ich, und damit genug,
Nun laß mich kein Wort mehr hören;
Du Guck-in-die-Welt tust so überklug,
Ich werde dich Mores lehren!«

»Das war nicht richtig aufgesagt«, sagte die Raupe.
»Nicht *ganz* richtig, glaube ich«, sagte Alice schüchtern, »manche Wörter sind anders gekommen.«
»Es war von Anfang bis Ende falsch«, sagte die Raupe mit Entschiedenheit, worauf eine Pause von einigen Minuten eintrat.
Die Raupe sprach zuerst wieder.
»Wie groß möchtest du gern sein?« fragte sie.
»Oh, es kommt nicht so genau darauf an«, erwiderte Alice schnell, »nur das viele Wechseln ist nicht angenehm, nicht wahr?«
»Nein, es ist nicht wahr!« sagte die Raupe.
Alice antwortete nicht. Es war ihr im Leben noch nie soviel widersprochen worden, und sie fühlte, daß sie wieder anfing, empfindlich zu werden.
»Bist du jetzt zufrieden?« sagte die Raupe.
»Etwas größer, Frau Raupe, wäre ich schon gern, wenn ich bitten darf«, sagte Alice. »Drei Zoll ist gar zu winzig.«
»Es ist eine sehr angenehme Größe, finde ich«, sagte die Raupe zornig und richtete sich dabei in die Höhe (sie war genau drei Zoll hoch).
»Aber ich bin nicht daran gewöhnt!« verteidigte sich die arme Alice in

weinerlichem Ton. Bei sich dachte sie: »Ich wünschte, alle diese Geschöpfe nähmen nicht alles gleich übel.«

»Du wirst dich mit der Zeit daran gewöhnen«, sagte die Raupe, steckte ihre Wasserpfeife in den Mund und fing wieder an zu rauchen.

Diesmal wartete Alice geduldig, bis es ihr gefällig sein würde, wieder zu reden. Nach zwei oder drei Minuten nahm die Raupe die Wasserpfeife

aus dem Mund, gähnte ein- bis zweimal und schüttelte sich. Dann kam sie von dem Pilz herunter, kroch ins Gras hinein und bemerkte bloß im Weggehen: »Die eine Seite macht dich größer, und die andere Seite macht dich kleiner.«

»Eine Seite wovon? Die andere Seite wovon?« dachte Alice bei sich.

»Von dem Pilz«, sagte die Raupe, gerade so, als wenn Alice sie laut gefragt hätte, und im nächsten Augenblick war sie nicht mehr zu sehen.

Alice blieb ein Weilchen gedankenvoll vor dem Pilz stehen, um ausfindig zu machen, welches seine beiden Seiten waren. Und da er vollkommen rund war, fand sie die Frage schwierig zu beantworten. Schließlich aber schlang sie beide Arme um ihn, so weit sie konnte, und brach mit jeder Hand ein Stück vom Rand ab.

»Nun aber, welches ist das richtige?« sprach sie zu sich und biß ein wenig von dem Stück in ihrer rechten Hand ab, um die Wirkung auszuprobieren. Im nächsten Augenblick fühlte sie einen heftigen Schmerz an ihrem Kinn, es hatte an ihren Fuß gestoßen!

Über diese plötzliche Verwandlung war sie sehr erschrocken, aber es war keine Zeit zu verlieren, da sie sehr schnell kleiner wurde. Sie machte sich also gleich daran, etwas von dem anderen Stück zu essen. Ihr Kinn war so

dicht an ihren Fuß gedrückt, daß ihr kaum Platz genug blieb, den Mund aufzumachen. Endlich aber gelang es ihr, ein wenig von dem Stück in ihrer linken Hand herunterzuschlucken.

»Ah! Endlich ist mein Kopf frei!« rief Alice mit Entzücken, das sich jedoch im nächsten Augenblick in Angst verwandelte, da sie merkte, daß ihre Schultern nirgends zu finden waren. Als sie hinunter sah, konnte sie weiter nichts erblicken als einen ungeheuer langen Hals, der sich wie ein Stengel aus einem Meer von grünen Blättern erhob, das unter ihr lag. »Was mag all das grüne Zeug sein?« sagte Alice. »Und wo sind meine Schultern nur hingekommen? Und ach, meine armen Hände, wie geht es zu, daß ich euch nicht mehr sehen kann?« Sie griff bei diesen Worten um sich, aber es erfolgte weiter nichts als eine kleine Bewegung in den entfernten grünen Blättern.

Da es ihr nicht gelang, die Hände zu ihrem Kopf zu heben, so versuchte sie, den Kopf zu ihnen hinunterzubücken, und fand zu ihrer Erleichte-

rung, daß sie ihren Hals in alle Richtungen biegen und wenden konnte wie eine Schlange. Sie hatte ihn gerade in ein malerisches Zickzack gewunden und wollte eben in das Blättermeer hinuntertauchen, das, wie sie sah, durch die Gipfel der Bäume gebildet wurde, unter denen sie noch eben herumgewandert war, als ein scharfes Geräusch sie plötzlich zurückschreckte: eine große Taube war ihr ins Gesicht geflogen und schlug sie heftig mit den Flügeln.

»Schlange!« kreischte die Taube.

»Ich bin keine Schlange!« sagte Alice empört. »Laß mich in Ruhe!«

»Schlange, sage ich!« wiederholte die Taube, wenn auch mit gedämpfter Stimme, und fuhr schluchzend fort: »Alles habe ich versucht, und nichts ist ihnen genehm!«

»Ich weiß gar nicht, wovon du redest«, sagte Alice.

»Baumwurzeln habe ich versucht, Flußufer habe ich versucht, Hecken habe ich versucht«, sprach die Taube weiter, ohne auf Alice zu achten, »aber diese Schlangen! Nichts ist ihnen recht!«

Alice verstand immer weniger, aber sie dachte, es sei unnütz, etwas zu fragen, bis die Taube ausgeredet hatte.

»Als ob es nicht mühsam genug wäre, die Eier auszubrüten«, sagte die Taube, »da muß ich auch noch Tag und Nacht auf die Schlangen aufpassen! Kein Auge habe ich die letzten drei Wochen zugetan!«

»Es tut mir sehr leid, daß du soviel Verdruß gehabt hast«, sagte Alice, die zu verstehen anfing, was sie meinte.

»Und gerade, da ich mir den höchsten Baum im Wald ausgesucht habe«, fuhr die Taube mit erhobener Stimme fort, »und gerade, da ich dachte, ich wäre sie endlich los, müssen sie sich sogar noch vom Himmel herunterschlängeln! Pfui, Schlange!«

»Aber ich bin keine Schlange, glaube mir!« rief Alice, »ich bin ein – ich bin ein –«

»Nun, was bist du denn?« fragte die Taube. »Ich merke wohl, daß du dir etwas ausdenken willst!«

»Ich – ich bin ein kleines Mädchen«, sagte Alice etwas unsicher, da sie an die vielfachen Verwandlungen dachte, die sie den Tag über schon durchgemacht hatte.

»Eine schöne Ausrede, wahrhaftig!« sagte die Taube im Ton tiefster Verachtung. »Ich habe mein Lebtag genug kleine Mädchen gesehen, aber nie eins mit solch einem Hals! Nein, nein! Du bist eine Schlange, das kannst du nicht ableugnen. Du wirst am Ende noch behaupten, daß du nie ein Ei gegessen hast.«

»Ich habe Eier gegessen, freilich«, sagte Alice, die ein sehr wahrheitsliebendes Kind war, »aber kleine Mädchen essen Eier ganz genauso wie Schlangen.«

»Das glaube ich nicht«, sagte die Taube. »Wenn sie es aber tun, nun, dann sind sie eine Art von Schlangen, soviel weiß ich.«

Das war ein so neuer Gedanke für Alice, daß sie ein paar Minuten ganz still war. Die Taube benutzte die Gelegenheit und fuhr fort: »Du suchst Eier, das weiß ich nur zu gut, und was kümmert es mich da, ob du ein kleines Mädchen oder eine Schlange bist.«

»Aber mich kümmert es sehr«, sagte Alice schnell. »Übrigens suche ich zufällig keine Eier, und wenn, dann würde ich deine nicht brauchen können, ich esse sie nicht gern roh.«

»Dann mach, daß du fortkommst!« sagte die Taube verdrießlich, indem sie sich in ihrem Nest wieder zurechtsetzte. Alice duckte sich unter die Bäume, so gut sie konnte, denn ihr Hals verwickelte sich fortwährend in den Zweigen, und mehrere Male mußte sie innehalten und ihn losmachen. Nach einer Weile fiel ihr wieder ein, daß sie noch die Stückchen von dem Pilz in den Händen hatte, und sie knabberte sorgfältig daran, bald an dem einen, bald an dem anderen und wurde abwechselnd größer und kleiner, bis es ihr gelang, ihre normale Größe zu bekommen.

Es war schon so lange her, daß sie auch nur ungefähr die richtige Größe gehabt hatte, daß es ihr zuerst ganz komisch vorkam. Aber nach einigen Minuten hatte sie sich daran gewöhnt und sprach mit sich selbst wie gewöhnlich. »Schön, nun ist mein Plan halb ausgeführt. Wie verwirrt man von dem vielen Wechseln wird! Ich weiß nie, wie ich im nächsten Augenblick sein werde. Doch jetzt habe ich meine richtige Größe. Nun kommt es darauf an, in den schönen Garten zu gelangen. Wie kann ich das nur anstellen, das möchte ich wissen!« Während sie dies sagte, kam sie an eine Lichtung mit einem Häuschen in der Mitte, ungefähr vier Fuß hoch. »Wer auch immer darin wohnen mag«, dachte Alice, »es ist unmöglich, daß ich so groß, wie ich jetzt bin, hineingehe. Sie würden vor Angst nicht wissen, wohin!« Also knabberte sie wieder an dem Stückchen in der rechten Hand und wagte sich erst an das Häuschen heran, als sie sich auf neun Zoll heruntergebracht hatte.

Sechstes Kapitel

Ferkel und Pfeffer

Ein bis zwei Minuten lang stand sie vor dem Häuschen, ohne recht zu wissen, was sie nun tun sollte, als plötzlich ein Lakai in Livree vom Wald her gelaufen kam (sie hielt ihn für einen Lakaien, weil er Livree trug, sonst, nach seinem Gesicht zu urteilen, hätte sie in ihm einen Fisch gesehen) und mit den Knöcheln laut an die Tür klopfte. Sie wurde von einem anderen Lakaien in Livree geöffnet, der ein rundes Gesicht und große Augen wie ein Frosch hatte, und beide Lakaien trugen, wie Alice bemerkte, gepuderte Lockenperücken auf dem Kopf. Sie war sehr neugierig, was nun geschehen würde, und schlich sich etwas näher heran, um zuzuhören.

Der Fisch-Lakai fing an, indem er einen ungeheuren Brief, beinah so groß wie er selbst, unter dem Arm hervorzog. Diesen überreichte er dem anderen, in feierlichem Ton sprechend: »Für die Herzogin. Eine Einladung von der Königin zum Krockett-Spiel.« Der Frosch-Lakai erwiderte in dem gleichen feierlichen Ton, wobei er nur die Aufeinanderfolge der Wörter etwas veränderte: »Von der Königin. Eine Einladung für die Herzogin zum Krockett-Spiel.« Dann verbeugten sich beide tief, und ihre Locken verwickelten sich ineinander.

Darüber lachte Alice so laut, daß sie in das Gebüsch zurücklaufen mußte, aus Furcht, sie könnten sie hören, und als sie wieder herausguckte, war der Fisch-Lakai fort, und der andere saß auf dem Boden vor der Tür und sah dumm in den Himmel hinauf.

Alice ging zaghaft auf die Tür zu und wollte klopfen.

»Es ist völlig unnütz zu klopfen«, sagte der Lakai, »und das aus zwei Gründen. Erstens, weil ich an derselben Stelle der Tür bin wie du, und zweitens, weil sie drinnen einen solchen Lärm machen, daß man dich unmöglich hören kann.« Und tatsächlich war da ein ganz merkwürdiges Getöse, ein fortwährendes Heulen und Niesen und von Zeit zu Zeit ein lautes Krachen, als ob eine Schüssel oder ein Topf zerbrochen wäre.

»Aber bitte«, sagte Alice, »wie soll ich denn hineinkommen?«

»Es läge ein gewisser Sinn und Verstand darin, anzuklopfen«, fuhr der Lakai fort, ohne sie zu beachten, »wenn wir die Tür zwischen uns hätten. Zum Beispiel, wenn du drinnen wärst, könntest du klopfen, und ich könnte dich herauslassen, nicht wahr?« Er sah die ganze Zeit über, während er sprach, in den Himmel hinauf, was Alice entschieden sehr unhöflich fand.

»Aber vielleicht kann er nichts dafür«, sagte sie bei sich, »seine Augen sind so hoch oben auf seiner Stirn. Aber jedenfalls könnte er mir antworten. Wie soll ich denn nun hineinkommen?« wiederholte sie laut.

»Ich werde hier sitzen«, sagte der Lakai, »bis morgen –«
In diesem Augenblick ging die Tür auf, und ein großer Teller kam herausgeflogen, direkt auf den Kopf des Lakaien los. Er streifte aber nur seine Nase und brach an einem Baum in Stücke.
»– oder bis übermorgen, vielleicht«, sprach der Lakai in gleichem Ton weiter, als ob nichts vorgefallen wäre.
»Wie soll ich denn hineinkommen?« fragte Alice lauter als vorher.
»Sollst du überhaupt hineinkommen?« sagte der Lakai. »Das ist doch zuerst die Frage, nicht wahr?«
Das war es allerdings, nur ließ sich Alice das nicht gern sagen. »Es ist wirklich schrecklich«, murmelte sie vor sich hin, »wie naseweis alle diese Geschöpfe sind. Es könnte einen ganz verrückt machen!«
Der Lakai schien dies für eine gute Gelegenheit zu halten, seine Bemerkung zu wiederholen, und zwar mit Variationen. »Ich werde hier sitzen«, sagte er, »ab und zu, Tage und Tage lang.«
»Was soll *ich* aber tun?« fragte Alice.
»Was dir gefällig ist«, sagte der Lakai und fing an zu pfeifen.
»Es führt zu nichts, mit ihm zu reden«, sagte Alice außer sich, »er ist vollkommen blödsinnig!« Sie klinkte die Tür auf und ging hinein.
Die Tür führte geradewegs in eine große Küche, welche von einem Ende bis zum anderen voller Rauch war. In der Mitte saß auf einem dreibeinigen Schemel die Herzogin, mit einem Wickelkind auf dem Schoß. Die Köchin stand über das Feuer gebückt und rührte in einem großen Kessel, der voll Suppe zu sein schien.
»In der Suppe ist gewiß zuviel Pfeffer!« sprach Alice vor sich hin, so gut sie vor Niesen konnte.
Es war auf jeden Fall zuviel davon in der Luft. Sogar die Herzogin nieste hin und wieder, und was das Wickelkind betraf, so nieste und schrie es abwechselnd ohne die geringste Unterbrechung. Die beiden einzigen Wesen in der Küche, die nicht niesten, waren die Köchin und eine große Katze, die vor dem Herd saß und grinste, so daß die Mundwinkel bis an die Ohren reichten.

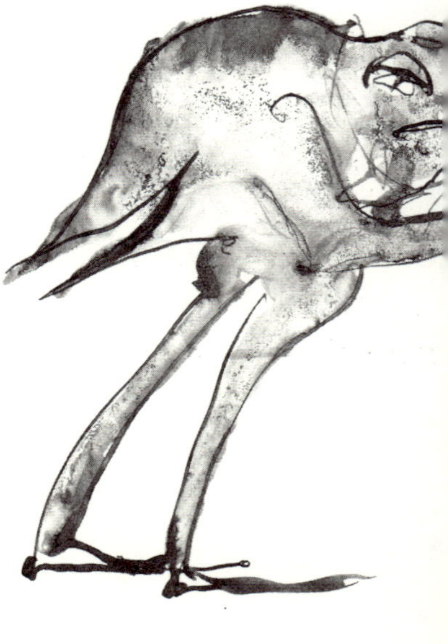

»Wollen Sie mir gütigst sagen«, fragte Alice etwas furchtsam, denn sie wußte nicht recht, ob es sich für sie schickte, zuerst zu sprechen, »warum Ihre Katze so grinst?«

»Es ist eine Grinse-Katze«, sagte die Herzogin, »darum! Ferkel!« Das letzte Wort sagte sie mit solcher Heftigkeit, daß Alice zusammenfuhr. Aber im nächsten Augenblick sah sie, daß es dem Wickelkind galt, nicht ihr. Sie faßte also Mut und redete weiter: »Ich wußte nicht, daß Katzen manchmal grinsen, ja, ich wußte nicht, daß Katzen überhaupt grinsen können.«

»Sie können es alle«, sagte die Herzogin, »und die meisten tun es.«

»Ich kenne keine, die es tut«, sagte Alice sehr höflich, da sie ganz froh war, eine Unterhaltung angeknüpft zu haben.

»Du kennst eben nicht viele«, sagte die Herzogin, »das ist der Grund.« Alice gefiel diese Bemerkung gar nicht, und sie dachte nach, welches andere Thema sie in die Unterhaltung einführen könnte. Während sie sich etwas Passendes überlegte, nahm die Köchin den Kessel mit Suppe vom Feuer und fing sogleich an, alles, was sie erreichen konnte, nach der Herzogin und dem Baby zu werfen – die Feuerzange kam zuerst, dann folgte ein Hagel von Pfannen, Tellern und Schüsseln. Die Herzogin beachtete das gar nicht, auch wenn sie getroffen wurde, und das Baby heulte ohnehin schon so laut, daß es unmöglich war zu wissen, ob die Stöße ihm weh taten oder nicht.

»Oh, bitte, passen Sie doch auf, was Sie tun!« rief Alice, die in wahrer Herzensangst hin und her sprang. »Oh, seine liebe kleine Nase!« – denn eine besonders große Pfanne flog dicht daran vorbei und hätte sie beinahe abgerissen.

»Wenn jeder nur vor seiner eigenen Tür fegen wollte«, brummte die Herzogin mit heiserer Stimme, »dann würde die Welt sich bedeutend schneller drehen.«

»Was kein Vorteil wäre«, sprach Alice, die sich über die Gelegenheit freute, ihre Kenntnisse zu zeigen. »Denken Sie nur, wie das Tag und

Nacht in Unordnung bringen würde! Die Erde braucht doch jetzt vierundzwanzig Stunden, sich um ihre Achse zu drehen.«

»Was, du redest von Axt?« sagte die Herzogin. »Hau ihr den Kopf ab!«

Alice sah sich sehr erschrocken nach der Köchin um, ob sie den Wink verstanden hatte. Aber die Köchin rührte die Suppe unverwandt und schien nicht zuzuhören, daher fuhr Alice fort: »Vierundzwanzig Stunden, glaube ich, oder sind es zwölf? Ich –«

»Ach, laß mich in Frieden«, sagte die Herzogin, »ich habe Zahlen nie ausstehen können!« Und damit fing sie an, ihr Kind wieder zu umsorgen und eine Art Wiegenlied dazu zu singen, wobei jeder Vers mit einem kräftigen Puff für das Kind endete:

Schilt deinen kleinen Jungen aus,
Und schlag ihn, wenn er niest;
Er macht es gar so bunt und kraus,
Nur weil es uns verdrießt.

Refrain
(in welchen die Köchin und das Baby einfielen):
Wau! Wau! Wau!

Während die Herzogin den zweiten Vers des Liedes sang, schaukelte sie das Kind heftig auf und nieder, und das arme kleine Ding schrie so, daß Alice kaum die Worte verstehen konnte:

Ich schelte meinen kleinen Wicht,
Und schlag' ihn, wenn er niest;
Ich weiß, wie gern er Pfeffer riecht,
Wenn's ihm gefällig ist.

Refrain
Wau! Wau! Wau!

»Hier! Du kannst ihn ein Weilchen warten, wenn du willst!« sagte die Herzogin zu Alice, indem sie ihr das Baby zuwarf. »Ich muß mich zurechtmachen, um mit der Königin Krockett zu spielen.« Dann rannte sie aus dem Zimmer. Die Köchin warf ihr eine Bratpfanne nach, aber die verfehlte sie noch eben.

Alice hatte das Baby mit Mühe und Not aufgefangen, da es ein kleines unförmiges Wesen war, das seine Arme und Beinchen nach allen Seiten ausstreckte, »gerade wie ein Seestern«, dachte Alice. Das arme kleine Ding stöhnte wie eine Lokomotive, als sie es auffing, und zog sich zusammen und streckte sich wieder aus, so daß sie es die ersten paar Minuten kaum halten konnte.

Sobald sie aber die rechte Art entdeckt hatte, wie man es tragen mußte (die darin bestand, es zu einer Art Knoten zu drehen und es dann fest beim rechten Ohr und linken Fuß zu fassen, damit es sich nicht wieder aufwikkeln konnte), trug sie es hinaus ins Freie. »Wenn ich dies Kind nicht mit mir nehme«, dachte Alice, »so werden sie es in wenigen Tagen umgebracht haben. Wäre es nicht Mord, es zurückzulassen?« Sie sprach die letzten Worte laut, und das kleine Geschöpf grunzte zur Antwort (es hatte mittlerweile aufgehört zu niesen). »Grunze nicht«, sagte Alice, »das ist nicht die geeignete Art, sich auszudrücken.«

Das Baby grunzte wieder, so daß Alice ganz ängstlich sein Gesicht betrachtete, um zu sehen, was ihm eigentlich fehlte. Es hatte ohne Zweifel eine sehr hervorstehende Nase, eher eine Schnauze als eine wirkliche Nase. Auch die Augen waren entsetzlich klein geraten für ein Baby. Alles zusammengenommen, gefiel Alice das Aussehen des Kindes gar nicht. »Aber vielleicht hat es nur geweint«, dachte sie und sah ihm wieder in die Augen, ob Tränen darin waren.

Nein, es waren keine Tränen da. »Wenn du etwa ein kleines Ferkel wirst, höre mal«, sagte Alice ernst, »so will ich nichts mehr mit dir zu schaffen haben, das merke dir!« Das arme kleine Ding schluchzte (oder grunzte, es war unmöglich, das zu unterscheiden), und dann ging sie eine Weile schweigend weiter. Sie fing gerade an, sich zu überlegen: »Nun, was soll ich mit diesem Geschöpf anfangen, wenn ich es mit nach Hause bringe?«, als es schon wieder grunzte, und zwar so laut, daß Alice ihm erschrocken ins Gesicht sah. Diesmal konnte sie sich nicht irren: es war nichts mehr und nichts weniger als ein Ferkel, und sie spürte, daß es höchst lächerlich wäre, es noch weiter mit sich herumzutragen.

Sie setzte also das kleine Ding hin und war ganz froh, als sie es ruhig in den Wald traben sah. »Das wäre in einigen Jahren ein furchtbar häßliches Kind geworden, aber als Ferkel macht es sich recht nett, finde ich.« Und so dachte sie alle Kinder durch, die sie kannte, die gute kleine Ferkel abgeben würden, und sagte gerade bei sich: »Wenn man nur die rechten

Mittel wüßte, sie in Ferkel zu verwandeln –«, als sie einen Schrecken bekam. Die Grinse-Katze saß nämlich wenige Fuß von ihr entfernt auf einem Baumast.

Die Katze grinste nur, als sie Alice sah. »Sie sieht gutmütig aus«, dachte Alice. Aber sie hatte doch sehr lange Krallen und eine Menge Zähne, so daß Alice das Gefühl hatte, sie respektvoll behandeln zu müssen.

»Grinse-Miez«, fing sie etwas ängstlich an, da sie nicht wußte, ob ihr der Name gefallen würde. Jedoch, sie grinste nur noch etwas breiter. »Schön, so weit gefällt es ihr«, dachte Alice und fuhr fort: »Willst du mir wohl sagen, wenn ich bitten darf, welchen Weg ich hier nehmen muß?«

»Das hängt davon ab, wohin du gehen willst«, sagte die Katze.

»Es kommt mir nicht darauf an, wohin –«, sagte Alice.

»Dann kommt es auch nicht darauf an, welchen Weg du nimmst«, sagte die Katze.

»– wenn ich nur irgendwohin komme«, fügte Alice zur Erklärung hinzu.

»Oh, das wirst du ganz gewiß«, sagte die Katze, »wenn du nur lange genug gehst.«

Alice sah ein, daß sie nichts dagegen einzuwenden hatte und versuchte es daher mit einer anderen Frage. »Was für Leute wohnen denn in der Nähe?«

»In dieser Richtung«, sagte die Katze, die rechte Pfote schwenkend, »wohnt ein Hutmacher, und in jener Richtung«, die andere Pfote schwenkend, »wohnt ein Faselhase. Besuche, wen du willst, sie sind beide toll.«

»Aber ich mag nicht zu tollen Leuten gehen«, bemerkte Alice.

»Oh, das kannst du nicht ändern«, sagte die Katze, »wir sind alle toll hier. Ich bin toll. Du bist toll.«

»Woher weißt du, daß ich toll bin?« fragte Alice.

»Du bist es«, sagte die Katze, »sonst wärst du nicht hergekommen.«

Alice hielt das für keinen Beweis, sie fragte jedoch weiter: »Und woher weißt du, daß du toll bist?«

»Zuallererst«, sagte die Katze, »ein Hund ist nicht toll. Das gibst du zu?«

»Zugestanden!« sagte Alice.

»Nun gut«, fuhr die Katze fort, »ein Hund, nicht wahr, knurrt, wenn er böse ist, und wedelt mit dem Schwanz, wenn er sich freut. Ich hingegen knurre, wenn ich mich freue, und wedle mit dem Schwanz, wenn ich ärgerlich bin. Darum bin ich toll.«

»Ich nenne das schnurren, nicht knurren«, sagte Alice.

»Nenne es, wie du willst«, sagte die Katze. »Spielst du heute Krockett mit der Königin?«

»Sehr gern«, sagte Alice, »aber ich bin nicht eingeladen worden.«

»Du wirst mich dort sehen«, sagte die Katze und verschwand.
Alice wunderte sich nicht sehr darüber, sie war so daran gewöhnt, daß sonderbare Dinge geschahen. Während sie noch auf die Stelle blickte, wo die Katze gesessen hatte, erschien sie plötzlich wieder.
»Übrigens, was ist aus dem Baby geworden?« sagte die Katze. »Ich hätte beinah vergessen, danach zu fragen.«
»Es ist ein Ferkel geworden«, antwortete Alice ganz ruhig, gerade so, als wäre die Katze auf gewöhnliche Weise zurückgekommen.

»Das dachte ich mir«, sagte die Katze und verschwand wieder. Alice wartete noch etwas, weil sie es für möglich hielt, daß die Katze erneut auftauchte. Aber sie kam nicht, und ein paar Minuten später ging Alice in die Richtung, wo der Faselhase wohnen sollte. »Hutmacher habe ich schon gesehen«, sprach sie zu sich, »der Faselhase wird viel interessanter sein.« Währenddessen blickte sie auf, und da saß die Katze bereits wieder auf einem Baumzweig. »Sagtest du Ferkel oder Fächer?« fragte sie. »Ich sagte Ferkel«, antwortete Alice, »und es wäre mir sehr lieb, wenn du nicht immer so plötzlich erscheinen und verschwinden wolltest. Du machst einen ja ganz schwindlig.«

»Schon gut«, sagte die Katze, und diesmal verschwand sie ganz langsam, wobei sie mit der Schwanzspitze anfing und mit dem Grinsen aufhörte, das noch einige Zeit sichtbar blieb, nachdem alles übrige schon verschwunden war.

»Oho, ich habe oft eine Katze ohne Grinsen gesehen«, dachte Alice, »aber ein Grinsen ohne Katze, so etwas Merkwürdiges habe ich in meinem Leben noch nicht gesehen!«

Sie brauchte nicht weit zu gehen, als sie das Haus des Faselhasen erblickte. Sie dachte, es müsse das rechte Haus sein, weil die Schornsteine wie Ohren geformt waren, und das Dach war mit Pelz gedeckt. Es war ein so großes Haus, daß sie, ehe sie sich näher heranwagte, ein wenig von dem Stück Pilz in ihrer linken Hand abknabberte und sich bis auf zwei Fuß hoch brachte. Trotzdem näherte sie sich etwas furchtsam und sprach vor sich hin: »Wenn er nur nicht völlig rasend ist! Vielleicht wäre ich doch lieber zu dem Hutmacher gegangen!«

Siebtes Kapitel
Die tolle Teegesellschaft

Vor dem Haus stand unter einem Baum ein gedeckter Tisch, an dem der Faselhase und der Hutmacher Tee tranken. Ein Murmeltier saß zwischen ihnen, fest eingeschlafen, und die beiden anderen benutzten es als Kissen, um ihre Ellbogen darauf zu stützen, und redeten über seinen Kopf hinweg miteinander. »Sehr unbequem für das Murmeltier«, dachte Alice, »aber, da es schläft, wird es sich wohl nichts daraus machen.«

Der Tisch war groß, aber die drei saßen dicht zusammengedrängt an einer Ecke: »Kein Platz! Kein Platz!« riefen sie aus, sobald sie Alice kommen sahen. »Über und über genug Platz!« sagte Alice unwillig und setzte sich in einen großen Lehnstuhl am Ende des Tisches.

»Ist dir etwas Wein gefällig?« nötigte sie der Faselhase.

Alice sah sich auf dem ganzen Tisch um, aber es war nichts als Tee darauf. »Ich sehe keinen Wein«, bemerkte sie.

»Es ist keiner hier«, sagte der Faselhase.

»Dann war es gar nicht höflich von dir, mir welchen anzubieten«, sagte Alice ärgerlich.

»Es war auch nicht höflich von dir, dich ungebeten herzusetzen«, sagte der Faselhase.

»Ich wußte ja nicht, daß es euer Tisch ist. Er ist für viel mehr als drei gedeckt.«

»Dein Haar muß geschnitten werden«, sagte der Hutmacher. Er hatte Alice eine Zeitlang mit großer Neugierde angesehen, und dies waren seine ersten Worte.

»Du solltest keine so persönlichen Bemerkungen machen«, sagte Alice mit einer gewissen Strenge, »es ist sehr grob.«

Der Hutmacher riß die Augen weit auf, als er dies hörte, aber er sagte weiter nichts als: »Warum ist ein Rabe wie ein Schreibpult?«

»Jetzt wird es Spaß geben«, dachte Alice. »Ich bin froh, daß sie endlich Rätsel aufgeben. – Ich glaube, das kann ich raten«, sagte sie laut.

»Meinst du, daß du die Antwort finden kannst?« fragte der Faselhase.

»Ja, natürlich«, sagte Alice.

»Dann solltest du sagen, was du meinst«, sprach der Hase weiter.

»Das tue ich ja«, warf Alice schnell ein, »wenigstens – wenigstens meine ich, was ich sage – und das ist das gleiche, wie du weißt.«

»Nicht im geringsten das gleiche!« sagte der Hutmacher. »Du könntest ebensogut behaupten, daß ›ich sehe, was ich esse‹ das gleiche ist wie ›ich esse, was ich sehe‹.«

»Du könntest auch behaupten«, fügte der Faselhase hinzu, »›ich mag, was ich kriege‹ sei das gleiche wie ›ich kriege, was ich mag‹!«

»Du könntest ebensogut behaupten«, fiel das Murmeltier ein, das im Schlaf zu sprechen schien, »›ich atme, wenn ich schlafe‹ sei das gleiche wie ›ich schlafe, wenn ich atme‹!«

»Bei dir ist es auch das gleiche«, sagte der Hutmacher, und damit endete die Unterhaltung, und die Gesellschaft saß einige Minuten schweigend da, während Alice alles durchdachte, was sie je von Raben und Schreibpulten gehört hatte, und das war nicht viel.

Der Hutmacher brach das Schweigen zuerst. »Den wievielten haben wir heute?« sagte er zu Alice. Er hatte seine Uhr aus der Tasche genommen, sah sie unruhig an, schüttelte sie hin und her und hielt sie ans Ohr.

Alice besann sich ein wenig und sagte: »Den vierten.«

»Um zwei Tage geht sie falsch!« seufzte der Hutmacher. »Ich sagte dir ja, daß Butter das Uhrwerk verderben würde«, setzte er hinzu, indem er den Hasen ärgerlich ansah.

»Es war die beste Butter«, sagte der Faselhase demütig.

»Ja, aber es müssen ein paar Krümel hineingeraten sein«, brummte der Hutmacher, »du hättest nicht das Brotmesser nehmen sollen.« Der Hase nahm die Uhr und betrachtete sie trübselig. Dann tunkte er sie in seine Tasse Tee und betrachtete sie wieder, aber es fiel ihm nichts Besseres ein als seine erste Bemerkung: »Es war wirklich die beste Butter.«

Alice hatte ihm neugierig über die Schulter gesehen. »Was für eine komische Uhr!« sagte sie. »Sie zeigt das Datum an und nicht, wie spät es ist!«

»Warum sollte sie?« brummte der Hase. »Zeigt dir deine Uhr an, welches Jahr es ist?«

»Natürlich nicht«, antwortete Alice schnell, »weil es so lange hintereinander dasselbe Jahr bleibt.«

»Und so ist es gerade mit meiner«, sagte der Hutmacher.

Alice war ganz verwirrt. Die Erklärung des Hutmachers schien ihr gar keinen Sinn zu haben, und doch waren es deutlich gesprochene Worte.

»Ich verstehe dich nicht ganz«, sagte sie, so höflich sie konnte.

»Das Murmeltier schläft schon wieder«, sagte der Hutmacher und goß ihm etwas heißen Tee auf die Nase.

Das Murmeltier schüttelte ungeduldig den Kopf und sagte, ohne die Augen aufzutun: »Freilich, freilich, das wollte ich eben auch bemerken.«

»Hast du das Rätsel schon geraten?« wandte sich der Hutmacher erneut an Alice.

»Nein, ich gebe es auf«, antwortete Alice, »was ist die Antwort?«

»Davon habe ich nicht die leiseste Ahnung«, sagte der Hutmacher.

»Ich auch nicht«, sagte der Faselhase.

Alice seufzte verstimmt. »Ich dachte, ihr könntet die Zeit besser verwenden«, sagte sie, »als mit Rätseln, die keine Auflösung haben.«

»Wenn du die Zeit so gut kenntest wie ich«, sagte der Hutmacher, »würdest du nicht davon reden, wie wir sie verwenden, sondern wie sie uns verwendet.«

»Ich weiß nicht, was du meinst«, sagte Alice.

»Natürlich kannst du das nicht wissen!« sagte der Hutmacher, indem er den Kopf verächtlich in die Höhe warf. »Du hast wahrscheinlich nie mit der Zeit gesprochen.«

»Ich glaube kaum«, erwiderte Alice vorsichtig, »aber Mama sagte gestern, ich sollte zu meiner kleinen Schwester gehen und ihr die Zeit vertreiben.«

»So? Das wird sie dir schön übelgenommen haben. Sie läßt sich nicht gern vertreiben. Aber wenn man gut mit ihr steht, so tut sie einem beinah alles zu Gefallen mit der Uhr. Zum Beispiel, nimm den Fall, es wäre neun Uhr morgens, und gleich beginnen deine Schulstunden, dann brauchst du der Zeit nur den kleinsten Wink zu geben, schnurr, läuft die Uhr herum. Ehe du dich's versiehst, halb zwei, Essenszeit!«

(»Ich wünschte, das wäre so!« sagte der Faselhase leise für sich.)

»Das wäre wirklich famos«, sagte Alice gedankenvoll, »aber dann würde ich nicht hungrig genug sein, nicht wahr?«

»Zuerst vielleicht nicht«, antwortete der Hutmacher, »aber es würde so lange halb zwei bleiben, wie du wolltest.«

»So macht ihr es wohl auch hier?« fragte Alice.

Der Hutmacher schüttelte traurig den Kopf. »Ich nicht!« sprach er. »Wir haben uns vorige Ostern entzweit, kurz ehe *er* toll wurde, du weißt doch –« (er zeigte mit seinem Teelöffel auf den Faselhasen) »– es war bei dem großen Konzert, das die Herzkönigin gab, und ich mußte singen:

O Papagei, o Papagei!
Wie grün sind deine Federn!

Vielleicht kennst du das Lied?«

»Ich habe etwas dergleichen gehört«, sagte Alice.

»Es geht weiter«, fuhr der Hutmacher fort, »in folgender Weise:

Du grünst nicht nur zur Friedenszeit,
Auch wenn es Teller und Töpfe schneit.
O Papagei, o Papagei –«

Hier schüttelte sich das Murmeltier und fing an, im Schlaf zu singen: »O Papagei, o Mamagei, o Papagei, o Mamagei –« und immer so fort, daß sie es kneifen mußten, damit es endlich aufhörte.

»Denke dir, ich hatte kaum den ersten Vers fertig«, sagte der Hutmacher, »als die Königin ausrief: ›Abscheulich! Der Mensch schlägt ja geradezu die Zeit tot mit seinem Geplärre. Aufgehängt soll er werden!‹ «

»Wie furchtbar grausam!« rief Alice.

»Und seitdem«, sprach der Hutmacher traurig, »hat sie mir nie mehr etwas zu Gefallen tun wollen, die Zeit. Es ist nun immer sechs Uhr.«

Dies brachte Alice auf einen klugen Gedanken. »Darum sind wohl so viele Tassen hier gedeckt?« fragte sie.

»Ja, darum«, sagte der Hutmacher mit einem Seufzer, »es ist immer Teestunde, und wir haben keine Zeit, die Tassen abzuwaschen.«

»Dann rückt ihr wohl herum?« fragte Alice.

»So ist es«, sagte der Hutmacher, »wenn die Tassen benutzt worden sind.«

»Aber wenn ihr wieder an den Anfang kommt, was geschieht dann?« erlaubte sich Alice zu fragen.

»Wir wollen jetzt von etwas anderem reden«, unterbrach sie der Faselhase gähnend, »das ist mir nachgerade langweilig. Ich schlage vor, die junge Dame erzählt uns eine Geschichte.«

»Oh, ich weiß leider keine«, rief Alice bestürzt über diese Zumutung.

»Dann soll das Murmeltier erzählen!« riefen beide. »Wach auf, Murmeltier!«, und dabei kniffen sie es von beiden Seiten zugleich.

Das Murmeltier machte langsam die Augen auf. »Ich habe nicht geschlafen«, sagte es mit heiserer, schwacher Stimme, »ich habe jedes Wort gehört, das ihr Jungen gesagt habt.«

»Erzähl uns eine Geschichte!« sagte der Faselhase.

»Ach ja, sei so gut!« bat Alice.

»Und mach schnell«, fügte der Hutmacher hinzu, »sonst schläfst du wieder ein, ehe sie zu Ende ist.«

»Es waren einmal drei kleine Schwestern«, fing das Murmeltier eilig an, »die hießen Else, Lacie und Tillie, und sie lebten tief unten in einem Brunnen –«

»Wovon lebten sie denn?« fragte Alice, die sich immer für Essen und Trinken sehr interessierte.

»Sie lebten von Sirup«, sagte das Murmeltier, nachdem es sich eine Minute besonnen hatte.

»Das konnten sie doch nicht«, bemerkte Alice schüchtern, »da wären sie ja krank geworden.«

»Das wurden sie auch«, sagte das Murmeltier, »sehr krank.«

Alice versuchte sich vorzustellen, wie eine so außergewöhnliche Art zu leben wohl sein mochte. Aber es kam ihr zu kurios vor, und so fragte sie weiter: »Aber warum lebten sie unten in dem Brunnen?«

»Willst du nicht ein wenig mehr Tee?« fragte der Faselhase ernsthaft.

»Ein wenig mehr? Ich habe doch noch gar keinen gehabt«, antwortete Alice etwas empfindlich, »also kann ich nicht noch mehr trinken.«

»Du meinst, du kannst nicht *weniger* trinken«, sagte der Hutmacher. »Es ist viel leichter, *mehr* Tee zu trinken als keinen.«

»Niemand hat dich um deine Meinung gefragt«, sagte Alice.
»Wer macht denn nun persönliche Bemerkungen?« rief der Hutmacher triumphierend.
Alice wußte nicht recht, was sie darauf antworten sollte. Sie nahm sich daher etwas Tee und Butterbrot, wandte sich dann an das Murmeltier und wiederholte ihre Frage: »Warum lebten sie in einem Brunnen?«
Das Murmeltier besann sich einen Augenblick und sagte dann: »Es war ein Sirup-Brunnen.«
»Den gibt es nicht!« sagte Alice sehr ärgerlich, aber der Hutmacher und der Faselhase machten beide: »Sch, sch!«, und das Murmeltier bemerkte brummend: »Wenn du nicht höflich sein kannst, mußt du die Geschichte selber zu Ende erzählen.«
»Nein, bitte, erzähle weiter!« sagte Alice ganz bescheiden, »ich will dich nicht wieder unterbrechen. Es wird wohl *einen* solchen Brunnen geben.«
»Einen, tatsächlich!« sagte das Murmeltier entrüstet. Doch ließ es sich zum Weitererzählen bewegen. »Also, die drei kleinen Schwestern – sie lernten zeichnen, müßt ihr wissen –«
»Was zeichneten sie denn?« fragte Alice, ihr Versprechen ganz und gar vergessend.
»Sirup«, sagte das Murmeltier, diesmal ohne zu überlegen.
»Ich brauche eine reine Tasse«, unterbrach der Hutmacher, »wir wollen alle einen Platz weiterrücken.«
Er rückte, während er das sagte, weiter, und das Murmeltier folgte ihm; der Faselhase rückte auf den Platz des Murmeltiers, und Alice nahm,

obgleich etwas ungern, den Platz des Faselhasen ein. Der Hutmacher war der einzige, der einen Vorteil von diesem Wechsel hatte, während Alice besonders schlimm weggekommen war, da der Faselhase eben den Milchtopf über seinem Teller umgestoßen hatte. Alice wollte das Murmeltier nicht wieder beleidigen und fing daher sehr vorsichtig an: »Aber ich verstehe nicht. Wie konnten sie den Sirup zeichnen?«

»Als ob nicht aller Sirup gezeichnet wäre, den man vom Kaufmann holt«, sagte der Hutmacher. »Hast du nicht gesehen, daß immer darauf steht: feinste Qualität, allerfeinste Qualität, superfeine Qualität? Oh, du kleiner Dummkopf!«

»Aber sie waren doch *in* dem Brunnen«, sagte Alice zu dem Murmeltier, die Bemerkung des Hutmachers überhörend.

»Ja, das waren sie«, sagte das Murmeltier, »in dem Brunnen.«

Diese Antwort verwirrte die arme Alice so sehr, daß sie das Murmeltier eine Weile weitererzählen ließ, ohne es zu unterbrechen.

»Wie gesagt, lernten sie zeichnen«, fuhr also das Murmeltier fort, gähnte dabei und rieb sich die Augen, denn es fing an, sehr schläfrig zu werden, »und sie zeichneten allerlei – alles was mit M anfängt –«

»Warum mit M?« fragte Alice.

»Warum nicht?« sagte der Faselhase.

Alice verhielt sich still.

Das Murmeltier hatte mittlerweile die Augen zugemacht und war halb eingeschlafen. Aber als der Hutmacher es zwickte, wachte es mit einem leisen Schrei wieder auf und sprach weiter: »– was mit M anfängt wie Mausefallen, Mond, Mangel und manches Mal – ihr wißt, man sagt: ich habe das manches liebe Mal getan – hast du je manches liebe Mal gezeichnet gesehen?«

»Wirklich, da du mich so fragst«, sagte Alice ganz verwirrt, »ich denke kaum –«

»Dann solltest du auch nicht reden«, sagte der Hutmacher.

Dies war nun wirklich zu grob für Alice. Sie stand beleidigt auf und ging fort. Das Murmeltier schlief augenblicklich wieder ein, und die beiden anderen beachteten ihr Fortgehen nicht, obgleich sie sich ein paarmal umsah, halb in der Hoffnung, daß sie sie zurückrufen würden. Das letzte, was sie von ihnen sah, war, wie sie versuchten, das Murmeltier in die Teekanne zu stecken.

»Auf keinen Fall will ich *da* je wieder hingehen!« sagte Alice, während sie sich einen Weg durch den Wald suchte. »Es ist die dümmste Teegesellschaft, bei der ich in meinem ganzen Leben gewesen bin!«

Während sie das sagte, bemerkte Alice, daß einer der Bäume eine kleine Tür hatte. »Das ist höchst komisch!« dachte sie. »Aber alles ist heute komisch! Ich will am besten gleich hineingehen.«

Wie gesagt, so getan, und schon befand sie sich wieder in dem langen Korridor und dicht vor dem kleinen Glastisch. »Diesmal werde ich es gescheiter anfangen«, sagte sie sich, nahm das goldene Schlüsselchen und schloß die Tür auf, die in den Garten führte. Sie begann, an dem Pilz zu knabbern (sie hatte ein Stückchen in ihrer Tasche behalten), bis sie ungefähr einen Fuß hoch war, dann ging sie den kleinen Gang hinunter – und dann war sie endlich in dem schönen Garten, zwischen den prunkenden Blumenbeeten und kühlen Springbrunnen.

Achtes Kapitel
Das Krockettfeld der Königin

Ein hochgewachsener Rosenstrauch stand in der Nähe vom Eingang. Die Rosen, die daran wuchsen, waren weiß, aber drei Gärtner waren damit beschäftigt, sie rot zu malen. Alice kam dies wundersam vor, und als sie näher herantrat, um ihnen zuzusehen, hörte sie einen von ihnen sagen:

»Nimm dich in acht, Fünf! Bespritze mich nicht so mit Farbe!«

»Ich konnte nichts dafür«, sagte Fünf in verdrießlichem Ton, »Sieben hat mich am Ellbogen gestoßen.«

Worauf Sieben aufsah und sagte: »Recht so, Fünf! Schieb nur immer die Schuld auf andere Leute!«

»Du sei lieber still!« sagte Fünf. »Gestern erst hörte ich die Königin sagen, du verdientest, geköpft zu werden!«

»Wofür?« fragte der, welcher zuerst gesprochen hatte.

»Das geht dich nichts an, Zwei!« sagte Sieben.

»Doch, es geht ihn was an!« sagte Fünf, »und ich werde es ihm sagen, weil du dem Koch Tulpenzwiebeln statt Küchenzwiebeln gebracht hast.«

Sieben warf seinen Pinsel hin und hatte eben angefangen zu sagen: »Ist je eine ungerechtere Anschuldigung –«, als sein Auge zufällig auf Alice fiel, die ihnen zuhörte. Er hielt plötzlich inne, die anderen sahen sich auch um, und sie verbeugten sich alle tief.

»Wollen Sie so gut sein, mir zu erklären«, sprach Alice etwas furchtsam, »warum Sie diese Rosen anmalen?«

Fünf und Sieben antworteten nicht, sahen aber Zwei an. Zwei fing an mit leiser Stimme: »Um die Wahrheit zu gestehen, Fräulein, dies hier hätte ein roter Rosenstrauch sein sollen, und wir haben aus Versehen einen weißen gepflanzt, und wenn die Königin das entdecken würde, ließe sie uns alle köpfen, müssen Sie wissen. Darum, sehen Sie, Fräulein, versuchen wir alles, so gut es geht, ehe sie kommt, um –« In diesem Augenblick rief Fünf, der ängstlich über den ganzen Garten gesehen hatte: »Die Königin! Die Königin!«, und die drei Gärtner warfen sich sogleich flach aufs Gesicht. Es entstand ein Geräusch von vielen Schritten, und Alice blickte neugierig hin, um die Königin zu sehen.

Zuerst kamen zehn Soldaten, mit Keulen bewaffnet, sie hatten alle die gleiche Gestalt wie die Gärtner, rechteckig und flach, und an den vier Ecken die Hände und Füße. Danach kamen zehn Herren vom Hofe, sie waren über und über mit Diamanten bedeckt und gingen paarweise, wie die Soldaten. Ihnen folgten die königlichen Kinder, es waren zehn, und die lieben Kleinen kamen lustig gesprungen, Hand in Hand, paarweise, sie waren überall mit Herzen geschmückt. Darauf kamen die Gäste, meist Könige und Königinnen, und unter ihnen erkannte Alice das Weiße

Kaninchen. Es unterhielt sich in etwas hastiger und aufgeregter Weise, lächelte bei allem, was gesagt wurde, und ging vorbei, ohne Alice zu bemerken. Dann folgte der Herzbube, der die Königskrone auf einem dunkelroten Samtkissen trug, und zuletzt in diesem großartigen Zug kamen der Herzkönig und die Herzkönigin.

Alice wußte nicht recht, ob sie sich nicht auch flach aufs Gesicht legen müsse wie die drei Gärtner. Aber sie konnte sich nicht erinnern, je von einer solchen Sitte bei Festzügen gehört zu haben. »Und außerdem, wozu gäbe es überhaupt Festzüge«, dachte sie, »wenn alle Leute flach auf dem Gesicht liegen müssen, so daß sie gar nichts sehen können?« Sie blieb also, wo sie war, und wartete.

Als der Zug bei ihr angekommen war, blieben alle stehen und sahen sie an, und die Königin sagte streng: »Wer ist das?« Sie hatte den Herzbuben gefragt, der, statt zu antworten, nur lächelte und Kratzfüße machte.

»Schafskopf!« sagte die Königin, den Kopf ungeduldig zurückwerfend, und, zu Alice gewandt, fuhr sie fort: »Wie heißt du, Kind?«

»Mein Name ist Alice, Euer Majestät zu dienen!« sagte Alice sehr höflich, aber sie dachte bei sich: »Ach was, die sind ja nur ein Kartenspiel. Ich brauche mich nicht vor ihnen zu fürchten!«

»Und wer sind diese drei?« fuhr die Königin fort, indem sie auf die drei Gärtner zeigte, die um den Rosenstrauch lagen; denn natürlich, da sie auf

dem Gesicht lagen und das Muster auf ihrem Rücken das gleiche war wie auf denen der anderen Kerle, so konnte sie nicht wissen, ob es Gärtner oder Soldaten oder Herren vom Hofe oder vielleicht drei von ihren eigenen Kindern waren.

»Woher soll ich das wissen?« sagte Alice, indem sie sich selbst über ihren Mut wunderte. »Es ist nicht meines Amtes.«

Die Königin wurde purpurrot vor Wut, und nachdem sie Alice einen Augenblick wie ein wildes Tier angestarrt hatte, begann sie loszubrüllen: »Ihren Kopf ab! Ab!«

»Unsinn!« sagte Alice laut und bestimmt, und die Königin schwieg.

Der König legte seine Hand auf ihren Arm und sagte milde: »Bedenke, meine Liebe, es ist nur ein Kind!«

Die Königin wandte sich ärgerlich von ihm ab und sagte zu dem Herzbuben: »Dreh sie um!«

Der Bube tat es, sehr sorgfältig, mit einem Fuß.

»Steht auf!« schrie die Königin mit durchdringender Stimme, und die drei Gärtner sprangen sogleich auf und fingen an, sich zu verneigen vor dem König, der Königin, den königlichen Kindern und allen anderen.

»Laßt das sein!« eiferte die Königin. »Ihr macht mich schwindlig.« Und dann, sich nach dem Rosenstrauch umdrehend, fuhr sie fort: »Was habt ihr hier wieder getan?«

»Euer Majestät zu dienen«, sagte Zwei in sehr demütigem Ton und ließ sich auf ein Knie niederfallen, »wir haben versucht –«

»Ich sehe!« sagte die Königin, die unterdessen die Rosen untersucht hatte. »Ihre Köpfe ab!«, und der Zug setzte sich wieder in Bewegung, während drei von den Soldaten zurückblieben, um die unglücklichen Gärtner zu enthaupten, welche zu Alice liefen und sie um Schutz baten.

»Ihr sollt nicht getötet werden!« sagte Alice und steckte sie in einen großen Blumentopf, der in der Nähe stand. Die drei Soldaten gingen ein Weilchen hierhin und dorthin, um sie zu suchen, und schlossen sich dann ruhig den anderen an.

»Sind ihre Köpfe gefallen?« schrie die Königin.

»Ihre Köpfe sind fort, zu Euer Majestät Befehl!« schrien die Soldaten.

»Das ist gut!« schrie die Königin. »Kannst du Krockett spielen?«

Die Soldaten waren still und sahen Alice an, da die Frage augenscheinlich an sie gerichtet war.

»Ja!« schrie Alice.

»Dann komm mit!« brüllte die Königin, und Alice folgte dem Zug, neugierig, was nun geschehen würde.

»Es ist – es ist ein sehr schöner Tag!« sagte eine schüchterne Stimme neben ihr. Es war das Weiße Kaninchen, das ihr ängstlich ins Gesicht sah.

»Sehr schön«, sagte Alice, »wo ist die Herzogin?«

»Still! still!« sagte das Kaninchen in flüsterndem Ton. Es sah dabei ängstlich über seine Schulter, stellte sich dann auf die Zehen, hielt den Mund dicht an Alices Ohr und wisperte: »Sie ist zum Tode verurteilt.«

»Wofür?« fragte Alice.

»Sagtest du: ›Wie schade!‹?« fragte das Kaninchen.

»Nein, das sagte ich nicht«, sagte Alice, »ich finde gar nicht, daß es schade ist. Ich sagte: ›Wofür?‹«

»Sie hat der Königin eine Ohrfeige gegeben –«, fing das Kaninchen an. Alice lachte laut. »Oh, still!« flüsterte das Kaninchen erschrocken. »Die Königin könnte dich hören! Es war so, sie kam etwas zu spät, und die Königin sagte –«

»Macht, daß ihr auf eure Plätze kommt!« donnerte die Königin, und alle fingen an, in verschiedene Richtungen durcheinanderzulaufen, wobei einer über den anderen stolperte. Jedoch nach ein bis zwei Minuten hatten sie sich geordnet, und das Spiel fing an.

Alice dachte bei sich, ein so merkwürdiges Krockettfeld habe sie in ihrem Leben noch nicht gesehen. Es war voller Erhebungen und Furchen, die Kugeln waren lebendige Igel und die Schläger lebendige Flamingos, und die Soldaten mußten sich umbiegen und auf Händen und Füßen stehen, um die Tore zu bilden.

Die Hauptschwierigkeit war, wie Alice sogleich bemerkte, ihren Flamingo zu handhaben. Sie konnte zwar ziemlich bequem seinen Körper unter ihrem Arm festhalten, so daß die Füße herunterhingen, aber wenn sie gerade seinen Hals schön ausgestreckt hatte und dem Igel nun einen Schlag mit seinem Kopf geben wollte, dann richtete er sich auf und sah ihr mit einem so verdutzten Ausdruck ins Gesicht, daß sie sich nicht enthalten konnte, laut zu lachen. Wenn sie aber seinen Kopf heruntergebogen hatte und eben wieder anfangen wollte zu spielen, so fand sie zu ihrem großen Verdruß, daß der Igel sich aufgerollt hatte und fortkroch. Außerdem war gewöhnlich eine Erhebung oder eine Furche gerade da im Weg, wo sie den Igel hinrollen wollte, und da die umgebogenen Soldaten fortwährend aufstanden und an eine andere Stelle des Feldes gingen, kam Alice bald zu der Überzeugung, daß es wirklich ein sehr schweres Spiel war.

Die Spieler spielten alle gleichzeitig, ohne zu warten, bis sie an der Reihe waren. Dabei stritten sie sich immerfort und zankten um die Igel, und in sehr kurzer Zeit war die Königin in der heftigsten Wut, stampfte mit den

Füßen und schrie: »Schlagt ihm den Kopf ab!« oder: »Schlagt ihr den Kopf ab!« ungefähr einmal in jeder Minute.

Alice begann sich allmählich sehr unbehaglich zu fühlen. Sie hatte zwar noch keinen Streit mit der Königin gehabt, aber sie wußte, daß sie keinen Augenblick sicher vor ihr war. »Und was«, dachte sie, »würde dann aus mir werden? Die Leute hier scheinen schrecklich gern zu köpfen. Es ist das größte Wunder, daß überhaupt noch welche am Leben geblieben sind!« Sie sah sich nach einem Fluchtweg um und überlegte, ob sie sich wohl, ohne gesehen zu werden, fortschleichen könne, als sie eine merkwürdige Erscheinung in der Luft wahrnahm. Sie erschien ihr zuerst ganz rätselhaft, aber nachdem sie sie ein paar Minuten beobachtet hatte, erkannte sie, daß es ein Grinsen war, und sagte bei sich: »Es ist die Grinse-Katze. Jetzt werde ich jemanden haben, mit dem ich zusammen reden kann.«

»Wie geht es dir?« sagte die Katze, sobald Mund genug da war, um damit sprechen zu können.

Alice wartete, bis die Augen erschienen, und nickte ihr dann zu. »Es nützt nichts, mit ihr zu reden«, dachte Alice, »bis ihre Ohren angekommen sind, oder wenigstens eins.« Im nächsten Augenblick tauchte der ganze Kopf auf. Da setzte Alice ihren Flamingo nieder und fing mit ihrem Bericht von dem Spiel an, sehr froh, daß sie jemand zum Zuhören hatte. Die Katze schien zu glauben, daß jetzt genug von ihr sichtbar sei, und ließ es dabei bewenden.

»Ich glaube, sie spielen kein bißchen ehrlich«, begann Alice in etwas klagendem Ton, »und sie zanken sich alle so entsetzlich, daß man sein eigenes Wort nicht hören kann – und dann haben sie überhaupt keine Spielregeln, oder wenn sie welche haben, so beachtet sie niemand – und du kannst dir keine Vorstellung machen, wie es einen verwirrt, daß alle Sachen lebendig sind. Zum Beispiel ist da das Tor, durch das ich das nächste Mal spielen muß, und das geht am anderen Ende des Spielfelds spazieren – und ich hätte den Igel der Königin bestimmt treffen können, nur daß er fortrannte, als er meinen kommen sah!«

»Wie gefällt dir die Königin?« fragte die Katze leise.

»Ganz und gar nicht«, sagte Alice, »sie hat so sehr viel –« Da bemerkte sie, daß die Königin dicht hinter ihr war, also setzte sie hinzu: »– Aussicht zu gewinnen, daß es sich kaum lohnt, das Spiel zu Ende zu spielen.«

Die Königin lächelte und ging weiter.

»Mit wem redest du da?« sagte der König, indem er an Alice herantrat und mit großer Neugierde den Katzenkopf betrachtete.

»Das ist eine meiner Freundinnen – eine Grinse-Katze«, sagte Alice. »Erlauben Eure Majestät, daß ich sie Ihnen vorstelle.«

»Ihr Aussehen gefällt mir gar nicht«, sagte der König. »Sie mag mir jedoch die Hand küssen, wenn sie will.«

»O lieber nicht!« versetzte die Katze.

»Sei nicht so ungehörig«, sagte der König, »und sieh micht nicht so an!« Er stellte sich hinter Alice, als er dies sagte.

»Die Katze sieht den König an, der König sieht die Katze an«, sagte Alice, »das habe ich irgendwo gelesen, ich weiß nur nicht mehr wo.«

»Weg muß sie«, sagte der König sehr entschieden und rief der Königin zu, die gerade vorbeiging: »Meine Liebe, ich wünschte, du könntest diese Katze fortschaffen lassen!«

Die Königing kannte nur eine Art, Schwierigkeiten, große und kleine, zu beseitigen. »Schlagt ihr den Kopf ab!« sagte sie, ohne sich auch nur umzudrehen.

»Ich werde den Henker holen«, sagte der König und eilte davon.

Alice dachte, sie sollte lieber zurückgehen und sehen, wie es mit dem Spiel stand, da sie von fern die Stimme der Königin vernahm, die vor Wut außer sich war. Alice hatte gehört, daß schon drei Spieler zum Tod verurteilt worden waren, weil sie ihren Einsatz verfehlt hatten, und der Stand der Dinge behagte ihr gar nicht, da das Spiel in solcher Verwirrung war, daß sie nie wußte, ob sie an der Reihe war oder nicht. Sie ging also auf die Suche nach ihrem Igel.

Der Igel kämpfte mit einem anderen Igel herum, was Alice eine vortreffliche Gelegenheit schien, den einen mit dem anderen zu treffen. Die einzige Schwierigkeit war, daß ihr Flamingo an das entgegengesetzte Ende des Gartens spaziert war, wo Alice eben sehen konnte, wie er höchst ungeschickt versuchte, auf einen Baum zu fliegen.

Als sie den Flamingo gefangen und zurückgebracht hatte, war der Kampf vorüber und die beiden Igel waren verschwunden. »Aber es kommt ja nicht drauf an«, dachte Alice, »da alle Tore auf dieser Seite des Spielfeldes fortgegangen sind.« Sie steckte also ihren Flamingo unter den Arm, damit er nicht wieder weglaufen konnte, und ging zurück, um mit ihrer Freundin ein wenig weiter zu schwatzen.

Als sie bei der Grinse-Katze ankam, war sie sehr erstaunt, einen großen Auflauf um sie versammelt zu sehen. Es fand ein Wortstreit statt zwischen dem Henker, dem König und der Königin, welche alle drei zugleich sprachen, während die übrigen ganz still waren und ängstlich aussahen. Alice wurde von allen dreien aufgefordert, den strittigen Punkt zu entscheiden, und sie wiederholten die Beweisgründe. Aber da alle durcheinanderredeten, konnte sie nicht genau verstehen, was jeder sagte.

Der Henker behauptete, daß man keinen Kopf abhacken könne, wenn kein Körper da sei, von dem man ihn abhacken kann, und daß er so etwas noch nie getan habe und jetzt über die Jahre hinaus sei, damit noch anzufangen.

Der König behauptete, daß alles, was einen Kopf habe, geköpft werden könne und daß man nicht so viel Unsinn schwatzen solle.

Die Königin behauptete, daß, wenn nicht in weniger als keiner Frist etwas geschehe, sie die ganze Gesellschaft würde köpfen lassen. (Diese Bemerkung hatte bei der Versammlung jenes ernste und ängstliche Aussehen hervorgerufen.)

Alice wußte nichts anderes zu sagen als: »Die Grinse-Katze gehört der Herzogin, es wäre am besten, *sie* zu fragen.«

»Sie ist im Gefängnis«, sagte die Königin zum Henker, »hol sie her.« Und der Henker schoß davon wie ein Pfeil.

Nachdem er fortgelaufen war, wurde der Katzenkopf undeutlicher und undeutlicher, und gerade in dem Augenblick, als der Henker mit der Herzogin zurückkam, war er gänzlich verschwunden. Der König und der Henker liefen ganz wild herum, um die Katze zu suchen, während die übrige Gesellschaft zum Spiel zurückging.

Neuntes Kapitel
Die Geschichte der Falschen Schildkröte

»Du kannst dir gar nicht denken, wie froh ich bin, dich wiederzusehen, du liebes altes Herz!« sagte die Herzogin, indem sie Alice liebevoll unterfaßte und beide zusammen fortspazierten.

Alice war sehr erfreut, sie bei so guter Laune zu finden, und dachte, daß es vielleicht nur der Pfeffer gewesen war, der sie so böse gemacht hatte, als sie sich in der Küche trafen. »Wenn *ich* einmal Herzogin bin«, sagte sie für sich (doch nicht in sehr hoffnungsvollem Ton), »will ich gar keinen Pfeffer in meiner Küche dulden. Suppe schmeckt auch ohne gut. Am Ende ist es immer der Pfeffer, der die Leute heftig macht«, sprach sie weiter, glücklich, eine neue Art von Regel gefunden zu haben, »und Essig, der sie sauertöpfisch macht – und Kamillentee, der sie bitter macht – und – und Gerstenzucker und dergleichen, was Kinder brav macht. Ich wünschte nur, die großen Leute wüßten *das* auch, dann würden sie nicht so sparsam damit sein, nicht wahr?«

Sie hatte unterdessen die Herzogin ganz vergessen und schrak förmlich zusammen, als sie deren Stimme dicht an ihrem Ohr hörte. »Du denkst an etwas, meine Liebe, und vergißt darüber, mit mir zu reden. Ich kann dir in diesem Augenblick nicht sagen, was die Moral davon ist, aber es wird mir gleich einfallen.«

»Vielleicht hat es keine«, hatte Alice den Mut zu sagen.

»Still, still, Kind!« sagte die Herzogin. »Alles hat seine Moral, wenn man sie nur finden kann.« Dabei drängte sie sich dichter an Alice heran.

Alice mochte es durchaus nicht gern, daß sie ihr so nahe kam: erstens, weil die Herzogin sehr häßlich war, und zweitens, weil sie gerade groß genug war, um ihr Kinn auf Alices Schulter zu stützen, und es war ein unangenehm spitzes Kinn. Da sie aber nicht unhöflich sein wollte, ertrug sie es, so gut sie konnte.

»Das Spiel ist jetzt besser im Gang«, sagte sie, um die Unterhaltung fortzuführen.

»So ist es«, sagte die Herzogin, »und die Moral davon ist: Mit Liebe und Gesange hält man die Welt im Gange!«

»Irgend jemand sagte aber auch«, flüsterte Alice, »das geschehe dadurch, daß jeder vor seiner eigenen Tür fegt.«

»Ah, sehr gut, das bedeutet ungefähr das gleiche«, sagte die Herzogin, und indem sie ihr spitzes kleines Kinn in Alices Schulter einbohrte, fügte sie hinzu: »Und die Moral davon ist: So viel Köpfe, so viel Sinne.«

»Wie gern sie die Moral in allem findet!« dachte Alice bei sich.

»Du wunderst dich wahrscheinlich, warum ich meinen Arm nicht um deinen Hals lege«, sagte die Herzogin nach einer Pause. »Um die Wahrheit zu gestehen, ich traue der Laune deines Flamingos nicht ganz. Soll ich es trotzdem versuchen?«

»Er könnte beißen«, erwiderte Alice weislich, da sie sich keineswegs nach diesem Experiment sehnte.

»Sehr wahr«, sagte die Herzogin, »Flamingos und Senf beißen beide. Und die Moral davon ist: Gleich und gleich gesellt sich gern.«

»Aber der Flamingo ist ja ein Vogel, und Senf ist kein Vogel«, wandte Alice ein.

»Ganz recht, wie immer«, sagte die Herzogin.

»Es ist, glaube ich, ein Mineral«, sagte Alice.

»Versteht sich«, sagte die Herzogin, die allem, was Alice sagte, beizustimmen schien, »in dem großen Senfbergwerk hier in der Gegend sind ganz vorzügliche Minen. Und die Moral davon ist, daß wir gute Miene zum bösen Spiel machen müssen.«

»Oh, ich weiß!« rief Alice aus, die die letzte Bemerkung ganz überhört hatte, »es ist eine Pflanze. Sie sieht nicht so aus, aber es ist eine.«

»Ich stimme dir vollkommen bei«, sagte die Herzogin, »und die Moral davon ist: Sei, was du zu scheinen wünschest! oder einfacher ausgedrückt: Bilde dir nie ein, verschieden von dem zu sein was anderen erscheint daß was du warst oder gewesen sein möchtest nicht verschieden von dem was daß was du gewesen warst ihnen erschienen wäre als wäre es verschieden.«

»Ich glaube, ich würde das besser verstehen«, sagte Alice sehr höflich, »wenn ich es aufgeschrieben vor mir hätte. Ich kann nicht ganz folgen, wenn Sie es sagen.«

»Das ist noch gar nichts gegen das, was ich sagen könnte, wenn ich wollte«, antwortete die Herzogin in selbstzufriedenem Ton.

»Bitte, bemühen Sie sich nicht, es noch länger zu sagen!« sagte Alice.

»Oh, sprich nicht von Mühe!« sagte die Herzogin, »ich will dir alles, was ich bis jetzt gesagt habe, schenken.«

»Eine wohlfeile Art von Geschenk!« dachte Alice. »Ich bin nur froh, daß man nicht solche Geburtstagsgeschenke macht!« Aber sie getraute sich nicht, das laut auszusprechen.

»Wieder in Gedanken?« fragte die Herzogin und bohrte ihr spitzes kleines Kinn tiefer in Alices Schulter.

»Ich habe das Recht, in Gedanken zu sein, wenn ich will«, sagte Alice gereizt, denn die Unterhaltung fing an, ihr langweilig zu werden.

»Gerade so viel Recht«, sagte die Herzogin, »wie ein Ferkel zum Fliegen und die M –«

Aber zu Alices großem Erstaunen stockte hier die Stimme der Herzogin, und zwar mitten in ihrem Lieblingswort »Moral«, und der Arm, der in ihrem ruhte, fing an zu zittern. Alice sah auf, und da stand die Königin vor ihnen, mit über der Brust gekreuzten Armen, schwarzblickend wie ein Gewitter.

»Ein schöner Tag, Euer Majestät!« fing die Herzogin mit leiser, schwacher Stimme an.

»Ich möchte Sie gewarnt haben«, schrie die Königin und stampfte dabei mit dem Fuß. »Fort, augenblicklich, entweder mit Ihnen oder mit Ihrem Kopf! Wählen Sie!«

Die Herzogin wählte und verschwand eilig.

»Wir wollen weiterspielen«, sagte die Königin zu Alice, und diese, viel zu erschrocken, um ein Wort zu erwidern, folgte ihr langsam hinüber zum Krockettfeld.

Die übrigen Gäste hatten die Abwesenheit der Königin benutzt, um im Schatten auszuruhen. Sobald sie die Königin jedoch kommen sahen, eilten sie sofort zum Spiel zurück, während die Königin lediglich bemerkte, daß jede Minute Verzug sie das Leben kosten würde.

Die ganze Zeit, in der sie spielten, hörte die Königin nicht auf, mit den anderen Spielern herumzuzanken und zu schreien: »Schlagt ihm den Kopf ab!« oder: »Schlagt ihr den Kopf ab!« Diejenigen, welche sie verurteilt hatte, wurden von den Soldaten in Verwahrsam geführt, die dann natürlich aufhören mußten, die Tore zu bilden, so daß nach ungefähr einer halben Stunde keine Tore mehr übrig waren, und alle Spieler außer dem König, der Königin und Alice in Verwahrsam genommen und zum Tode verurteilt waren.

Da hörte die Königin, ganz außer Atem, mit dem Spiel auf und sagte zu Alice: »Hast du die Falsche Schildkröte schon gesehen?«

»Nein«, sagte Alice. »Ich weiß ja nicht einmal, was eine Falsche Schildkröte ist.«

»Es ist das, woraus Falsche Schildkrötensuppe gekocht wird«, antwortete die Königin.

»Ich habe weder eine gesehen noch von einer gehört«, sagte Alice.

»Dann komm schnell«, sagte die Königin, »sie soll dir ihre Geschichte erzählen.«

Als sie miteinander fortgingen, hörte Alice den König leise zu der ganzen Versammlung sagen: »Ihr seid alle begnadigt!« – »Ach, das ist aber ein Glück!« dachte Alice, denn sie war über die vielen Enthauptungen, welche die Königin angeordnet hatte, ganz außer sich gewesen.

Bald begegneten sie einem Greif, der in der Sonne lag und schlief. (Wenn ihr nicht wißt, was ein Greif ist, seht euch das Bild an.) »Auf, du Faulpelz«, sagte die Königin, »und führe dies kleine Fräulein zu der Falschen Schildkröte, sie möchte gern ihre Geschichte hören. Ich muß zurück und mich um einige Hinrichtungen kümmern, die ich angeordnet habe«, und damit ging sie fort und ließ Alice mit dem Greif allein. Der Anblick des Tieres gefiel Alice nicht recht. Aber im ganzen genommen, dachte sie, würde es ebenso sicher sein, bei ihm zu bleiben, wie dieser grausamen Königin zu folgen. Sie wartete also.

Der Greif richtete sich auf und rieb sich die Augen. Dann sah er der Königin nach, bis sie verschwunden war, und kicherte. »Ein köstlicher Spaß!« sagte der Greif halb zu sich selbst, halb zu Alice.

»Was ist ein Spaß?« fragte Alice.

»Nun, die Königin«, sagte der Greif. »Es ist alles nur ihre Einbildung, denn niemand wird niemals nicht hingerichtet. Komm schnell.«

»Jeder sagt hier, komm schnell«, dachte Alice, indem sie ihm langsam nachging, »soviel bin ich in meinem Leben noch nicht hin- und herkommandiert worden, nein, in meinem ganzen Leben nicht!«

Sie brauchten nicht weit zu gehen, als sie bereits die Falsche Schildkröte von weitem sahen, die einsam und traurig auf einem Felsenriff saß. Und als sie näher kamen, hörte Alice sie seufzen, als ob ihr das Herz brechen wollte. Alice bedauerte sie zutiefst. »Was für einen Kummer hat sie?« fragte Alice den Greif, und der Greif antwortete mit fast denselben Worten wie zuvor: »Es ist alles ihre Einbildung, das; sie hat keinen Kummer nicht. Komm schnell.«

Sie gingen also auf die Falsche Schildkröte zu, die sie mit tränenschweren Augen anblickte, aber nichts sagte.

»Die kleine Mamsell hier«, sprach der Greif, »sie möchte gern deine Geschichte wissen, sagt sie.«

»Ich will sie ihr erzählen«, sprach die Falsche Schildkröte mit tiefer, hohler Stimme, »setzt euch beide her und schweigt, bis ich fertig bin.«

Gut, sie setzten sich hin, und keiner sprach mehrere Minuten lang. Alice dachte: »Ich begreife nicht, wie sie je fertig werden kann, wenn sie nicht anfängt.« Aber sie wartete geduldig.

»Einst«, sagte die Falsche Schildkröte endlich mit einem tiefen Seufzer, »war ich eine echte Schildkröte.«

Auf diese Worte folgte ein sehr langes Schweigen, nur hin und wieder unterbrochen von dem Ausruf des Greifen »Hjckrrh!« und von dem heftigen Schluchzen der Falschen Schildkröte. Alice wäre beinah aufgestanden und hätte gesagt: »Danke sehr für die interessante Geschichte!«, aber sie konnte nicht umhin zu denken, daß doch noch etwas kommen müsse. Daher blieb sie sitzen und sagte nichts.

»Als wir klein waren«, sprach die Falsche Schildkröte endlich weiter, indem sie noch ab und zu schluchzte, »gingen wir zur Schule im Meer. Unser Lehrer war eine alte Schildkröte, wir nannten ihn das Schaltier –«

»Warum nanntet ihr ihn Schaltier?« fragte Alice.

»Er schalt uns hier und schalt uns da, alle Tage, darum«, sagte die Falsche Schildkröte ärgerlich, »du bist wirklich sehr dumm.«

»Du solltest dich schämen, eine so dumme Frage zu stellen«, setzte der Greif hinzu, und dann saßen beide da und sahen schweigend die arme Alice an, die in der Erde hätte versinken mögen. Endlich sagte der Greif zu der Falschen Schildkröte: »Fahr zu, alte Kutsche! Laß uns nicht den ganzen Tag warten!« Und sie fuhr mit folgenden Worten fort:

»Ja, wir gingen zur Schule, im Meer, ob du es glaubst oder nicht –«

»Ich habe nicht gesagt, daß ich es nicht glaube«, unterbrach sie Alice.

»Doch, das hast du«, sagte die Falsche Schildkröte.

»Halt den Mund!« fügte der Greif hinzu, ehe Alice antworten konnte. Die Falsche Schildkröte fuhr fort.

»Wir hatten die allerbeste Erziehung, wirklich. Wir gingen regelmäßig jeden Tag zur Schule.«

»Das haben wir auf dem Land auch«, sagte Alice, »darauf brauchst du dir nicht so viel einzubilden.«

»Habt ihr auch Privatstunden zusätzlich?« fragte die Falsche Schildkröte.

»Ja«, sagte Alice, »Französisch und Klavier.«

»Und Waschen?« sagte die Falsche Schildkröte.

»Das bestimmt nicht!« sagte Alice entrüstet.

»Ah! Dann gehst du in keine wirklich gute Schule«, sagte die Falsche Schildkröte sehr beruhigt. »In unserer Schule stand immer am Ende der Abrechnung: ›Französisch, Klavierspielen – und Waschen extra‹.«

»Das könnt ihr nicht sehr nötig gehabt haben«, sagte Alice, »unten auf dem Grund des Meeres.«

»Ich konnte auch keine Privatstunden dafür bezahlen«, sagte die Falsche Schildkröte seufzend. »Ich nahm nur den regulären Unterricht.«

»Und was war das?« fragte Alice.

»Winden und Treiben natürlich zuallererst«, erwiderte die Falsche Schildkröte, »und dann die vier Abteilungen vom Rechnen: Zusehen, Abziehen, Vervielfraßen und Stehlen.«

»Ich habe nie von Vervielfraßen gehört«, warf Alice ein. Was ist das?«

Der Greif erhob beide Klauen voller Verwunderung. »Nie von Vervielfraßen gehört?« rief er aus. »Du weißt, was Verhungern ist, vermute ich.«

»Ja«, sagte Alice, »das heißt – nichts essen und davon – sterben.«

»Gut, gut«, fuhr der Greif fort, »und wenn du immer noch nicht verstehst, was Vervielfraßen ist, dann bist du ein Einfaltspinsel.« Alice hatte allen Mut verloren, sich weiter danach zu erkundigen, und fragte daher die Falsche Schildkröte: »Was hattet ihr sonst noch zu lernen?«

»Nun, erstens Geheimlehre«, erwiderte die Falsche Schildkröte, indem sie die Fächer an den Flossen aufzählte, »Geheimlehre, alte und moderne, mit Seeographie, dann Springen. – Der Springlehrer war ein alter Stockfisch, der einmal wöchentlich zu kommen pflegte, er lehrte uns Zerren, Strecken und Unarten wie meerschwimmig Springen oder Schillern und Imponieren.«

»Wie war denn das?« fragte Alice.

»Ich kann es dir nicht selbst vormachen«, sagte die Falsche Schildkröte, »ich bin zu steif. Und der Greif hat es nicht gelernt.«

»Hatte keine Zeit«, sagte der Greif, »ich hatte aber Stunden bei dem Lehrer für alte Sprachen. Das war ein alter Barsch, ja, das war er.«

»Bei dem bin ich nicht gewesen«, sagte die Falsche Schildkröte mit einem Seufzer, »er lehrte Zebräisch und Greifisch, sagten sie immer.«

»Das tat er auch, das tat er auch, und besonders Laßsein«, sagte der Greif, indem er ebenfalls seufzte, worauf beide Tiere sich das Gesicht mit den Pfoten bedeckten.

»Und wie viele Schüler wart ihr denn in einer Klasse?« fragte Alice, die schnell auf einen anderen Gegenstand kommen wollte.

»Zehn am ersten Tag«, sagte die Falsche Schildkröte, »neun am nächsten und so fort.«

»Was für eine merkwürdige Einrichtung!« rief Alice aus.

»Darum hält man Lehrer, weil sie die Klasse von Tag zu Tag leeren.« Dies war ein ganz neuer Gedanke für Alice, welchen sie gründlich überlegte, ehe sie wieder eine Bemerkung machte. »Am elften Tag müssen dann alle frei gehabt haben?«

»Natürlich!« sagte die Falsche Schildkröte.

»Und wie wurde es am zwölften Tag gemacht?« fuhr Alice eifrig fort.

»Das ist genug vom Unterricht«, unterbrach der Greif sehr bestimmt. »Erzähle ihr jetzt etwas von den Spielen.«

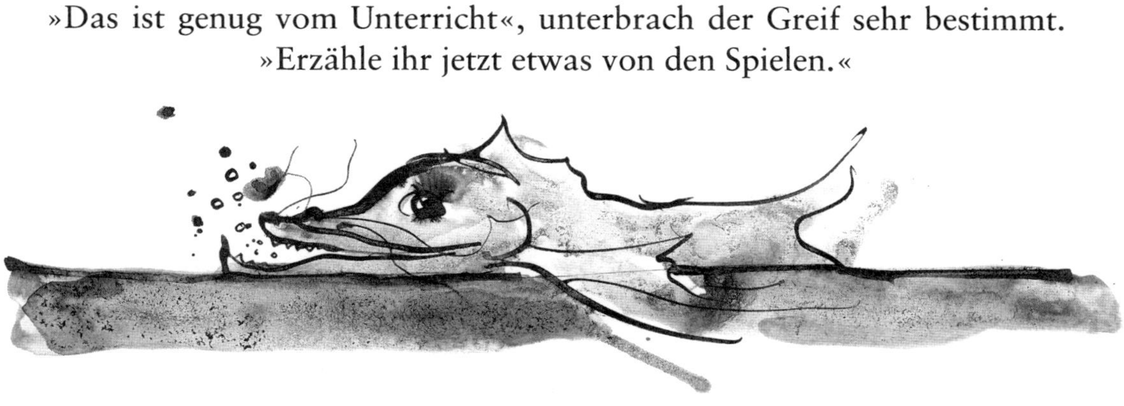

Zehntes Kapitel
Das Hummerballett

Die Falsche Schildkröte seufzte tief auf und wischte sich mit dem Rücken ihrer Flosse die Augen. Sie sah Alice an und versuchte zu sprechen, aber ein bis zwei Minuten lang erstickte lautes Schluchzen ihre Stimme. »Sieht so aus, als ob sie einen Knochen in der Kehle hätte«, sagte der Greif und machte sich daran, sie zu schütteln und auf den Rücken zu klopfen. Endlich erhielt die Falsche Schildkröte ihre Stimme wieder, und während Tränen ihre Wangen herabflossen, erzählte sie weiter.

»Vielleicht hast du nicht länger unter dem Wasser gelebt –« (»Nein«, sagte Alice) – »und vielleicht hast du nie die Bekanntschaft eines Hummers gemacht –« (Alice wollte eben sagen: »Ich kostete einmal«, aber sie hielt schnell inne und sagte: »Nein, niemals«) – »du kannst dir also nicht vorstellen, wie reizend ein Hummerballett ist.«

»Nein, in der Tat nicht«, sagte Alice, »was für eine Art Tanz ist es?«

»Nun«, sagte der Greif, »zuerst stellten sich alle in einer Reihe am Meeresstrand auf –«

»In zwei Reihen!« rief die Falsche Schildkröte. »Seehunde, Schildkröten, Lachse und so weiter. Und dann, wenn sämtliche Seesterne aus dem Weg geräumt sind –«

»Was gewöhnlich einige Zeit dauert«, unterbrach der Greif.

»– geht man zwei Schritte vorwärts –«

»Jeder einen Hummer zum Tanze führend!« rief der Greif.

»Natürlich«, sagte die Falsche Schildkröte, »zwei Schritte vorwärts, wieder paarweise aufgestellt –«

»– wechseln die Hummer und wechseln zurück in die alte Anordnung«, fuhr der Greif fort.

»Dann, mußt du wissen«, unterbrach ihn die Falsche Schildkröte, »wirft man die –«

»– die Hummer!« schrie der Greif mit einem Luftsprung.

»– so weit ins Meer, wie man kann –«

»Schwimmt ihnen nach!« kreischte der Greif.

»Schlägt einen Purzelbaum im Wasser!« rief die Falsche Schildkröte, indem sie unbändig umhersprang.

»Treibt die Hummer wieder zurück!« heulte der Greif kläglich mit hocherhobener Stimme.

»Zurück ans Land, und – das ist die ganze erste Figur«, sagte die Falsche Schildkröte, indem sie ihre Stimme plötzlich senkte. Und beide Tiere, die bis dahin wie toll umhergesprungen waren, setzten sich sehr betrübt und still nieder und sahen Alice an.

»Es muß ein sehr hübscher Tanz sein«, sagte Alice schüchtern.

»Möchtest du eine kleine Probe sehen?« fragte die Falsche Schildkröte.

»Sehr gern«, sagte Alice.

»Komm, laß uns die erste Figur versuchen!« sagte die Falsche Schildkröte zum Greif. »Wir können es auch ohne Hummer, glaube ich. Wer soll singen?«

»Oh, singe du!« sagte der Greif. »Ich habe die Worte vergessen.«

So fingen sie denn an, feierlich im Kreis um Alice herumzutanzen, und zuweilen traten sie ihr auf die Füße, wenn sie ihr zu nahe kamen. Die Falsche Schildkröte sang dazu, langsam und traurig, folgendes:

Zu der Schnecke sprach ein Weißfisch: »Kannst du denn nicht schneller geh'n?
Siehst du denn nicht die Schildkröten und die Hummer alle steh'n?
Hinter uns, da kommt ein Meerschwein, und es tritt mir auf den Schwanz;
Und sie warten an dem Strande, daß wir kommen zu dem Tanz.
Willst du denn nicht, kannst du denn nicht, willst du nicht kommen zum Tanz?
Willst du denn nicht, kannst du denn nicht, willst du nicht kommen zum Tanz?

Du kannst wirklich nicht ermessen, wie so herrlich es wird sein,
Nehmen sie uns mit den Hummern, werfen uns ins Meer hinein!«
Doch die Schnecke gab zur Antwort: »Das gefällt mir doch nicht ganz!
Viel zu weit, zu weit! Gehe nicht mit euch zum Tanz!
Nein, ich kann, ich mag, ich will nicht, kann nicht kommen zu dem Tanz!
Nein, ich kann, ich mag, ich will nicht, mag nicht kommen zu dem Tanz!«

Und der Weißfisch sprach dagegen: »'s kommt ja nicht drauf an, wie weit!
Ist ja auch ein Ufer dort, drüben auf der andern Seit'!
Und noch viele schöne Küsten gibt es außer Engellands. Sei nicht furchtsam, liebe Schnecke, komm geschwind mit mir zum Tanz!
Willst du denn nicht, willst du denn nicht, willst du nicht kommen zum Tanz?
Willst du denn nicht, willst du denn nicht, willst nicht kommen zum Tanz?«

»Danke schön, es ist sehr interessant, diesem Tanz zuzusehen«, sagte Alice, obgleich sie sich freute, daß er endlich vorüber war. »Und das komische Lied von dem Weißfisch gefällt mir besonders.«

»Oh, was die Weißfische anbelangt«, sagte die Falsche Schildkröte, »die – du hast doch sicher schon welche gesehen?«

»Ja«, sagte Alice, »ich habe sie oft gesehen, beim Mitt –«.

»Ich weiß nicht, wer Mitt sein mag«, sagte die Falsche Schildkröte, »aber da du sie so oft gesehen hast, weißt du natürlich, wie sie aussehen?«

»Ja, ich glaube«, sagte Alice nachdenklich, »sie haben den Schwanz im Maul – und sind ganz mit Semmelbröseln bestreut.«

»Die Semmelbrösel sind ein Irrtum«, sagte die Falsche Schildkröte, »sie würden vom Meer bald abgespült sein. Aber den Schwanz haben sie im Maul, und der Grund ist –« Hier gähnte die Falsche Schildkröte und machte die Augen zu. – »Erklär du ihr den Grund und all das andere«, sprach sie zum Greif.

»Der Grund ist«, sagte der Greif, »daß sie durchaus im Hummerballett mittanzen wollten. So wurden sie denn ins Meer hinausgeworfen. So mußten sie denn sehr weit fallen. So kamen ihnen denn die Schwänze in die Mäuler. So konnten sie sie denn nicht wieder herausbekommen.«

»Danke dir«, sagte Alice, »Ich habe nie soviel vom Weißfisch erfahren.«

»Ich kann dir noch mehr über ihn sagen, wenn du willst«, sagte der Greif, »weißt du, warum er Weißfisch heißt?«

»Ich habe darüber noch nicht nachgedacht«, sagte Alice. »Warum?«

»Darum eben«, sagte der Greif mit tiefer, feierlicher Stimme, »weil man so wenig von ihm *weiß*. Nun aber mußt du uns auch etwas von deinen Abenteuern erzählen.«

»Ich könnte euch meine Erlebnisse von heute früh an erzählen«, sagte Alice verschämt, »aber bis gestern zurückzugehen wäre ganz unnütz, weil ich da noch jemand anderes war.«

»Erkläre das deutlicher«, sagte die Falsche Schildkröte.

»Nein, die Erlebnisse zuerst«, sagte der Greif in ungeduldigem Ton, »Erklärungen nehmen so schrecklich viel Zeit fort.«

Alice fing also an, ihnen ihre Abenteuer von da an zu erzählen, wo sie das Weiße Kaninchen zum ersten Mal gesehen hatte. Zuerst war sie etwas ängstlich, denn die beiden Tiere kamen ihr so nah, eins auf jeder Seite, und sperrten Augen und Mund weit auf. Aber dann wurde sie dreister. Als sie an die Stelle kam, wo sie der Raupe ›Ihr seid alt, Vater Martin‹ aufgesagt hatte und lauter andere Worte gekommen waren, da holte die Falsche Schildkröte tief Luft und sagte: »Das ist merkwürdig.«

»Es ist alles so merkwürdig wie überhaupt nur möglich«, sagte der Greif.
»Kam ganz verschieden heraus!« wiederholte die Falsche Schildkröte gedankenvoll. »Ich möchte sie gern etwas aufsagen hören.« Dabei sah sie den Greif an, als ob sie dächte, daß er einigen Einfluß auf Alice habe.
»Steh auf und sage her: ›Preisend mit viel schönen Reden‹«, sagte der Greif zu Alice.
»Wie diese Geschöpfe einen herumkommandieren und Gedichte aufsagen lassen!« dachte Alice, »dafür könnte ich auch lieber gleich in der Schule sein.« Sie stand jedoch auf und fing an, das Gedicht aufzusagen. Aber ihr Kopf war so voll von dem Hummerballett, daß sie kaum wußte, was sie sagte, und die Worte kamen sehr sonderbar:

Preisend mit viel schönen Kniffen seiner Scheren Wert und Zahl,
Stand der Hummer vor dem Spiegel in der schönen roten Schal'!
»Herrlich«, sprach der Fürst der Krebse, »steht mir dieser lange Bart!«
Rückt die Füße mit der Nase auswärts, und dabei ganz zart.

»Das ist anders, als ich's als Kind gekannt habe«, sagte der Greif.
»Ich habe es zwar noch niemals gehört«, sagte die Falsche Schildkröte, »aber es klingt wie blühender Unsinn.«
Alice setzte sich, bedeckte das Gesicht mit beiden Händen und überlegte, ob wohl jemals wieder irgend etwas natürlich sein würde.
»Ich möchte es gern erklärt haben«, sagte die Falsche Schildkröte.
»Sie kann's nicht erklären«, warf der Greif schnell ein. »Sage bitte den nächsten Vers auf.«
»Aber das mit den Füßen?« fragte die Falsche Schildkröte wieder. »Wie kann er sie mit der Nase auswärts rücken?«
»Das ist die erste Position beim Tanzen«, sagte Alice; aber sie war über alles dies entsetzlich verwirrt und hätte am liebsten aufgehört.
»Sage den nächsten Vers!« wiederholte der Greif ungeduldig, »er fängt an: ›Seht mein Land!‹«
Alice wagte nicht, es abzuschlagen, obgleich sie überzeugt war, es würde alles falsch kommen, und fuhr also mit zitternder Stimme fort:

»Seht mein Land und grüne Fluten«, sprach ein fetter Lachs vom Rhein;
»Gold'ne Schuppen meine Rüstung, und mit Austern trink' ich Wein.«

»Wozu sollen wir uns all diesen Unsinn anhören«, unterbrach sie die Falsche Schildkröte, »wenn sie das nicht auch erklären kann? Es ist das verworrenste Zeug, das ich je gehört habe!«

»Ja, ich glaube auch, es ist besser, du hörst auf«, sagte der Greif, und Alice gehorchte nur zu gern.

»Sollen wir noch eine Figur von dem Hummerballett versuchen?« fuhr der Greif fort. »Oder möchtest du lieber, daß die Falsche Schildkröte dir ein Lied vorsingt?«

»Oh, ein Lied! Bitte, wenn die Falsche Schildkröte so gut sein will«, antwortete Alice mit solchem Eifer, daß der Greif etwas beleidigt sagte: »Hm! Jeder Geschmack ist verschieden! Aber singe ihr ›Schildkrötensuppe‹ vor, hörst du, alte Tante?«

Die Falsche Schildkröte seufzte tief auf und fing an, mit von Schluchzen halberstickter Stimme so zu singen:

Schöne Suppe, so schwer und so grün,
Dampfend in der heißen Terrin'!
Wem nach einem so leck'ren Gericht
Wässerte denn der Mund wohl nicht?
Kön'gin der Suppen, du schönste Supp'!
Kön'gin der Suppen, du schönste Supp'!
Wu – underschöne Su – uppe!
Wu – underschöne Su – uppe!
Kö – önigin der Su – uppen,
Wunder-wunderschöne Supp'!

Schöne Suppe, wer fragt noch nach Fisch,
Wildbret oder was sonst auf dem Tisch?
Alles lassen wir steh'n für zwei p,
Preisen allein die wunderschöne Supp',
Preisen allein die wunderschöne Supp'!
Wu – underschöne Su – uppe!
Wu – underschöne Su – uppe!
Kö – önigin der Su – uppen,
Wunder-wunderschöne Supp'!

»Den Refrain noch einmal!« rief der Greif, und die Falsche Schildkröte hatte gerade wieder angefangen, als ein Ruf: »Das Verhör fängt an!« in der Ferne erscholl.

»Komm schnell!« rief der Greif, und, Alice bei der Hand nehmend, lief er fort, ohne das Ende des Gesangs abzuwarten.

»Was für ein Verhör?« keuchte Alice beim Rennen, aber der Greif antwortete nur: »Komm schnell!« und rannte weiter, während ihnen schwächer und schwächer, vom Winde getragen, die schwermütigen Worte folgten:

Kö – önigin der Su – uppen,
Wunder-wunderschöne Supp'!

ELFTES KAPITEL
Wer hat die Kuchen gestohlen?

Herzkönig und Herzkönigin saßen auf ihrem Thron, als sie ankamen, und eine große Menge war um sie versammelt, allerlei kleine Vögel und sonstige Tiere, außerdem das ganze Kartenspiel. Der Bube stand vor dem Thron in Ketten, ein Soldat an jeder Seite, um ihn zu bewachen. Dicht neben dem König befand sich das Weiße Kaninchen, eine Trompete in der einen Hand, in der anderen eine Pergamentrolle. Im Mittelpunkt des Gerichtshofes stand ein Tisch mit einer Platte voller Tortenstücke. Sie sahen so appetitlich aus, daß der bloße Anblick Alice ganz hungrig darauf machte. »Ich wünschte, sie würden sich mit dem Verhör beeilen und die Erfrischungen herumreichen.« Aber dazu schien wenig Aussicht zu bestehen, so daß sie anfing, ihre Umgebung genau in Augenschein zu nehmen, um sich die Zeit zu vertreiben.

Alice war noch nie in einem Gerichtssaal gewesen, aber sie hatte in ihren Büchern davon gelesen und bildete sich etwas darauf ein, daß sie alles, was sie dort sah, beim Namen zu nennen wußte. »Das ist der Richter«, sagte sie zu sich, »wegen seiner großen Perücke.«

Der Richter war übrigens der König, und er trug auch noch die Krone auf der Perücke (seht euch das Bild an, wenn ihr wissen wollt, wie), es sah aber nicht so aus, als sei es ihm bequem, jedenfalls stand es ihm nicht besonders gut.

»Und jene zwölf kleinen Tiere da sind vermutlich die Geschworenen«, dachte Alice. Sie wiederholte sich dies Wort zwei- bis dreimal, weil sie so stolz darauf war, denn sie glaubte, und das mit Recht, daß nur wenige kleine Mädchen ihres Alters überhaupt etwas von diesen Sachen wußten. Die zwölf Geschworenen schrieben alle sehr eifrig auf Schiefertafeln. »Was tun sie da?« flüsterte Alice dem Greif ins Ohr. »Sie können doch nichts aufzuschreiben haben, bevor das Verhör beginnt.«

»Sie schreiben ihre Namen auf«, sagte ihr der Greif ins Ohr, »weil sie fürchten, sie zu vergessen, bevor das Verhör zu Ende ist.«

»Dumme Dinger!« sagte Alice entrüstet ganz laut, aber sie hielt augenblicklich inne, denn das Weiße Kaninchen rief aus: »Ruhe im Saal!«, und der König setzte seine Brille auf und blickte spähend umher, um zu sehen, wer da gesprochen habe.

Alice konnte ganz deutlich sehen, während sie ihnen über die Schultern sah, daß alle Geschworenen »dumme Dinger!« auf ihre Tafeln schrieben, und sie merkte auch, daß einer von ihnen nicht wußte, wie das geschrieben wird und seinen Nachbarn fragen mußte. »Auf den Tafeln wird ein schönes Durcheinander stehen, wenn das Verhör vorüber ist!« dachte Alice bei sich.

Einer der Geschworenen hatte einen Griffel, der kratzte. Das konnte Alice natürlich nicht aushalten. Sie stellte sich dicht hinter ihn und fand sehr bald eine Gelegenheit, den Griffel fortzunehmen. Sie hatte es so schnell getan, daß der arme kleine Geschworene (es war Wabbel) überhaupt nicht begreifen konnte, wo sein Griffel hingekommen war. Nachdem er ihn also überall gesucht hatte, mußte er sich endlich entschließen, mit einem Finger zu schreiben, und das war von sehr geringem Nutzen, da er keine Spuren auf der Tafel zurückließ.

»Herold, verlies die Anklage!« sagte der König.

Da blies das Weiße Kaninchen dreimal in die Trompete, entfaltete dann die Pergamentrolle und las wie folgt:

Herzkönigin, sie buk viel Kuchen,
Juchheisasah, juchhe!
Herzbube kam, die Kuchen nahm.
Wo sind sie nun? O weh!

»Gebt euer Urteil ab!« sprach der König zu den Geschworenen.
»Noch nicht, noch nicht!« unterbrach ihn das Kaninchen schnell. »Vorher kommt erst noch vielerlei.«
»Laßt den ersten Zeugen eintreten!« sagte der König, worauf das Kaninchen dreimal in die Trompete blies und ausrief: »Erster Zeuge!«
Der erste Zeuge war der Hutmacher. Er kam herein, eine Teetasse in der einen Hand und in der anderen ein Stück Butterbrot haltend. »Ich bitte um Verzeihung, Euer Majestät, daß ich das mitbringe, aber ich war noch nicht ganz fertig mit meinem Tee, als nach mir geschickt wurde.«
»Du hättest aber damit fertig sein sollen«, sagte der König. »Wann hast du damit angefangen?«
Der Hutmacher sah den Faselhasen an, der ihm in den Gerichtssaal gefolgt war, Arm in Arm mit dem Murmeltier. »Am vierzehnten März, glaube ich, war es«, sagte er.
»Am fünfzehnten«, sagte der Faselhase.
»Am sechzehnten«, fügte das Murmeltier hinzu.
»Nehmt das zu Protokoll«, sagte der König zu den Geschworenen, und die Geschworenen schrieben eifrig die drei Daten auf ihre Tafeln, addierten sie dann und machten die Summe zu Groschen und Pfennigen.
»Nimm deinen Hut ab«, sagte der König zum Hutmacher.
»Es ist nicht meiner«, sagte der Hutmacher.

»Gestohlen!« rief der König zu den Geschworenen gewendet aus, welche sogleich die Tatsache notierten.

»Ich habe Hüte nur zum Verkauf«, fügte der Hutmacher als Erklärung hinzu, »ich habe keinen eigenen. Ich bin ein Hutmacher.«

Da setzte sich die Königin die Brille auf und fing an, den Hutmacher scharf zu beobachten, was ihn sehr blaß und unruhig machte.

»Gib deine Aussage«, sprach der König, »und sei nicht so ängstlich, oder ich lasse dich auf der Stelle hängen.«

Dies beruhigte den Zeugen augenscheinlich nicht. Er stand abwechselnd mal auf dem linken, mal auf dem rechten Bein, sah die Königin mit großem Unbehagen an, und in seiner Befangenheit biß er ein großes Stück von seiner Teetasse ab, statt von seinem Butterbrot.

Gerade in diesem Augenblick spürte Alice eine seltsame Empfindung, die sie sich zunächst nicht erklären konnte, bis sie endlich merkte, was es war: Sie fing wieder an zu wachsen. Sie wollte sogleich aufstehen und den Gerichtssaal verlassen, aber nach weiterem Nachdenken beschloß sie zu bleiben, wo sie war, solange sie Platz genug hatte.

»Du brauchst mich wirklich nicht so zu drängeln«, sagte das Murmeltier, welches neben ihr saß. »Ich kann ja kaum noch atmen.«

»Ich kann nichts dafür«, sagte Alice bescheiden, »ich wachse.«

»Du hast kein Recht dazu, hier zu wachsen«, sagte das Murmeltier.

»Rede doch nicht solchen Unsinn«, sagte Alice schon dreister, »du weißt recht gut, daß du selbst auch wächst.«

»Ja, aber ich wachse in vernünftigem Maßstab«, sagte das Murmeltier, »nicht auf so lächerliche Art und Weise.« Dabei stand es verdrießlich auf und ging zur anderen Seite des Saales hinüber.

Die ganze Zeit lang hatte die Königin unablässig den Hutmacher angestarrt, und während das Murmeltier durch den Saal ging, sprach sie zu einem der Gerichtsdiener: »Bring mir die Liste der Sänger vom letzten Konzert!«, worauf der unglückliche Hutmacher so zitterte, daß ihm beide Schuhe abflogen.

»Mach deine Aussage«, wiederholte der König ärgerlich, »oder ich werde dich hinrichten lassen, ob du dich fürchtest oder nicht.«

»Ich bin ein armer Mann, Euer Majestät«, begann der Hutmacher mit zitternder Stimme, »und ich hatte eben erst mit meinen Tee angefangen – vor einer Woche ungefähr –, und da wurden die Butterbrote so dünn, und es schneite Teller und Töpfe in den Tee.«

»Teller und Töpfe – was?« fragte der König.

»Es fing jedenfalls mit dem Tee an«, erwiderte der Hutmacher.

»Natürlich fangen Teller und Töpfe mit einem T an. Hältst du mich für einen Esel? Rede weiter!«

»Ich bin ein armer Mann«, fuhr der Hutmacher fort, »und seitdem schneit und flimmert alles nur, der Faselhase sagte –«

»Nein, ich hab's nicht gesagt!« unterbrach ihn der Faselhase schnell.

»Du hast's wohl gesagt!« rief der Hutmacher.

»Ich leugne es!« sagte der Faselhase.

»Er leugnet es!« sagte der König, »laßt diesen Teil der Aussage fort.«

»Gut, auf jeden Fall hat's das Murmeltier gesagt –«, fuhr der Hutmacher fort, indem er sich ängstlich nach ihm umsah, ob es auch leugnen würde. Aber das Murmeltier leugnete nichts, denn es war fest eingeschlafen. »Dann«, sprach der Hutmacher weiter, »schnitt ich noch ein Stück Butterbrot –«

»Aber was hat das Murmeltier denn gesagt?« fragte ein Geschworener.

»Das ist mir ganz entfallen«, sagte der Hutmacher.

»Aber es muß dir wieder einfallen«, sagte der König streng, »sonst lasse ich dich köpfen.«

Der unglückliche Hutmacher ließ Tasse und Butterbrot fallen und kniete

vor dem König nieder. »Ich bin nur ein alter, armseliger Mann, Euer Majestät«, fing er an.

»Du bist ein sehr armseliger Zeuge«, sagte der König.

Hier klatschte eins der Meerschweinchen Beifall, was sofort von den Gerichtsdienern unterdrückt wurde. (Da dies ein etwas schwerverständliches Wort ist, so will ich beschreiben, wie es gemacht wurde. Es war ein großer Leinwandsack bei der Hand, mit Schnüren zum Zusammenbinden. Da hinein wurde das Meerschweinchen gesteckt, den Kopf nach unten, und dann setzten sie sich darauf.)

»Ich bin froh, daß ich das nun einmal gesehen habe«, dachte Alice, »ich habe so oft in der Zeitung am Ende eines Verhörs gelesen: ›Das Publikum fing an, Beifall zu klatschen, was aber sofort von den Gerichtsdienern unterdrückt wurde‹, und ich konnte bis jetzt nie verstehen, was das bedeutete.«

»Wenn dies alles ist, was du zu sagen weißt, so kannst du abtreten«, fuhr der König fort.

»Ich kann nichts mehr abtreten«, sagte der Hutmacher, »ich stehe ohnehin schon auf den Strümpfen.«

»Dann kannst du *abwarten*, bis du wieder gefragt wirst«, sagte der König.

Hier klatschte das zweite Meerschweinchen und wurde unterdrückt.

»Ha, nun sind wir die Meerschweinchen los«, dachte Alice, »nun wird es besser vorangehen.«

»Ich möchte lieber zu meinem Tee zurück«, sagte der Hutmacher mit einem ängstlichen Blick auf die Königin, welche gerade die Liste der Sänger durchlas.

»Du kannst gehen«, sagte der König, worauf der Hutmacher eilig den Gerichtssaal verließ, ohne sich auch nur die Zeit zu nehmen, seine Schuhe anzuziehen.

»– und draußen hackt ihm den Kopf ab!« fügte die Königin zu einem der Gerichtsdiener gewandt hinzu. Aber der Hutmacher war nicht mehr zu sehen, als der Gerichtsdiener die Tür erreichte.

»Ruft den nächsten Zeugen!« sagte der König.

Der nächste Zeuge war die Köchin der Herzogin. Sie trug die Pfefferdose in der Hand, und Alice erriet, schon bevor sie in den Saal trat, wer es sein würde, weil alle in der Nähe der Tür mit einem Mal anfingen zu niesen.

»Mach deine Aussage«, sagte der König.

»Ich will nicht!« antwortete die Köchin.

Der König sah unsicher das Weiße Kaninchen an, welches leise sprach: »Euer Majestät müssen diesen Zeugen einem Kreuzverhör unterwerfen.«

»Gut, wenn ich muß, dann muß ich«, sagte der König trübsinnig, und nachdem er die Arme gekreuzt und die Augenbrauen so fest zusammengezogen hatte, daß seine Augen kaum mehr zu sehen waren, sagte er mit tiefer Stimme: »Woraus macht man kleine Kuchen?«

»Pfeffer, hauptsächlich«, sagte die Köchin.

»Sirup«, sagte eine schläfrige Stimme hinter ihr.

»Nehmt dieses Murmeltier fest!« heulte die Königin. »Köpft dieses Murmeltier! Schafft dieses Murmeltier aus dem Saal! Unterdrückt es! Kneift es! Brennt ihm den Schnurrbart ab!«

Einige Minuten lang war das ganze Gericht in Bewegung, um das Murmeltier fortzuschaffen, und als sie sich alle endlich wieder beruhigt hatten, da war die Köchin verschwunden.

»Schadet nichts!« sagte der König und sah aus, als falle ihm ein Stein vom Herzen. »Ruft den nächsten Zeugen.« Und zu der Königin gewandt, fügte er leise hinzu: »Wirklich, meine Liebe, du mußt das nächste Kreuzverhör übernehmen, ich habe schon Kopfschmerzen.«

Alice beobachtete das Weiße Kaninchen, das die Liste durchsuchte, da sie sehr neugierig war, wer wohl der nächste Zeuge sein würde: – »denn sie haben bis jetzt noch nicht genug Beweise«, sagte sie für sich. Und stellt euch ihre Überraschung vor, als das Weiße Kaninchen mit seiner höchsten, schrillen Stimme verlas: »Alice!«

Zwölftes Kapitel
Alice ist die Klügste

»Hier!« rief Alice, in der augenblicklichen Erregung ganz vergessend, wie sehr sie in den letzten Minuten gewachsen war, und sie sprang in solcher Eile auf, daß sie mit ihrem Rock das Gerichtspult vor sich umstieß, so daß alle Geschworenen auf die Köpfe der darunter sitzenden Versammlung fielen. Da lagen sie nun hilflos umher und erinnerten Alice an ein Glas mit Goldfischen, das sie vor einer Woche aus Versehen umgestoßen hatte.

»Oh, ich bitte um Verzeihung«, rief sie in sehr bestürztem Ton und fing an, die Geschworenen so schnell wie möglich aufzusammeln, denn der Unfall mit den Goldfischen lag ihr noch im Sinn, und sie hatte die unbestimmte Vorstellung, daß sie möglichst schnell aufgehoben und wieder in ihr Pult getan werden müßten, weil sie sonst sterben würden.

»Das Verhör kann nicht fortgesetzt werden«, sagte der König ernst, »bis alle Geschworenen wieder an ihrem rechten Platz sind – *alle*«, wiederholte er mit großem Nachdruck und sah dabei Alice fest an.

Alice blickte in das Pult und bemerkte, daß sie in der Eile die Eidechse kopfunter hineingelegt hatte, und das arme kleine Ding bewegte den Schwanz trübselig hin und her, da es sich sonst nicht rühren konnte. Sie zog es schnell wieder heraus und setzte es richtig herum hinein. »Das hat zwar nichts zu bedeuten«, sagte sie sich dabei, »denn ich glaube, es wäre für das Verhör ganz unwichtig, ob die Eidechse kopfoben oder kopfunten in dem Pult sitzt.«

Sobald sich die Geschworenen ein wenig von dem Schrecken des Durcheinanders erholt und ihre Tafeln und Griffel gefunden hatten, machten sie sich eifrig daran, die Geschichte ihres Unfalls aufzuschreiben – alle außer der Eidechse, welche zu angegriffen war, um irgend etwas zu tun. Sie saß nur mit offenem Mund da und starrte die Saaldecke an.

»Was weißt du von dieser Angelegenheit?« fragte der König Alice.

»Nichts!« sagte Alice.

»Überhaupt nichts?« drang der König in sie.

»Überhaupt nichts«, sagte Alice.

»Das ist sehr wichtig«, sagte der König, indem er sich an die Geschworenen wandte. Sie wollten dies gerade auf ihre Tafeln schreiben, als das Weiße Kaninchen einfiel: »*Un*wichtig, meinten Euer Majestät natürlich!« sagte es in sehr ehrfurchtsvollem Ton, wobei es den König aber stirnrunzelnd und allerlei Gesichter schneidend ansah.

»*Un*wichtig, natürlich, das meinte ich«, bestätigte der König eilig und sagte mit halblauter Stimme vor sich hin: »Wichtig – unwichtig – unwichtig – wichtig –«, als ob er prüfen wollte, welches Wort am besten klang. Einige der Geschworenen schrieben »wichtig« auf und einige »unwichtig«. Alice konnte dies sehen, da sie nahe genug war, um ihre Tafeln zu überblicken. »Aber es kommt ja auch nicht im geringsten darauf an«, dachte sie sich.

In diesem Augenblick rief der König, der eifrig in seinem Notizbuch geschrieben hatte, plötzlich aus: »Ruhe!« und las dann aus seinem Buch vor: »Zweiundvierzigstes Gesetz: Alle Personen, die mehr als eine Meile groß sind, haben den Gerichtssaal zu verlassen.«

Alle sahen Alice an.

»Ich bin keine Meile groß«, sagte Alice.

»Das bist du wohl«, sagte der König.

»Beinahe zwei Meilen groß«, fügte die Königin hinzu.

»Auf jeden Fall werde ich nicht fortgehen«, sagte Alice, »übrigens ist das kein gültiges Gesetz, Sie haben es sich eben erst ausgedacht.«

»Es ist das älteste Gesetz in dem Buch«, sagte der König.

»Dann müßte es Nummer eins sein«, sagte Alice.

Der König erbleichte und machte sein Notizbuch schnell zu. »Gebt euer Urteil ab!« sagte er leise und mit zitternder Stimme zu den Geschworenen.

»Majestät halten zu Gnaden, es sind noch mehr Beweise aufzunehmen«, sagte das Weiße Kaninchen, indem es eilig aufsprang. »Dieses Schreiben ist soeben gefunden worden.«

»Was enthält es?« fragte die Königin.

»Ich habe es noch nicht geöffnet«, sagte das Weiße Kaninchen, »aber es scheint ein Brief von dem Angeklagten an – an irgend jemand zu sein.«

»Ja, so muß es wohl sein«, sagte der König, »wenn er nicht an niemand geschrieben ist, was, wie bekannt, nicht oft vorkommt.«

»An wen ist er adressiert?« fragte einer der Geschworenen.

»Er ist gar nicht adressiert«, sagte das Weiße Kaninchen, »auf der Außenseite steht überhaupt nichts.« Es faltete das Schreiben auseinander und sprach weiter: »Es ist übrigens gar kein Brief, es sind Verse.«

»Sind sie in der Handschrift des Angeklagten?« fragte ein anderer Geschworener.

»Nein, das sind sie nicht«, sagte das Weiße Kaninchen, »und das ist am merkwürdigsten dabei.« (Die Geschworenen sahen ganz verdutzt aus.)

»Er muß die Handschrift eines anderen nachgeahmt haben«, sagte der König. (Die Gesichter der Geschworenen klärten sich auf.)

»Euer Majestät halten zu Gnaden«, sagte der Herzbube, »ich habe das nicht geschrieben, und niemand kann beweisen, daß ich es geschrieben habe, es ist ja keine Unterschrift darunter.«

»Daß du es nicht unterschrieben hast«, sagte der König, »macht die Sache nur schlimmer. Du mußt böse Absichten gehabt haben, sonst hättest du wie ein ehrlicher Mann deinen Namen daruntergesetzt.«

Hierauf folgte allgemeines Beifallklatschen. Es war der erste wirklich kluge Ausspruch, den der König an diesem Tage getan hatte.

»Das beweist seine Schuld«, sagte die Königin.

»Es beweist gar nichts!« sagte Alice. »Ihr wißt ja noch nicht einmal, was in den Versen steht!«

»Lies sie!« sagte der König.

Das Weiße Kaninchen setzte seine Brille auf. »Wo befehlen Euer Majestät, daß ich anfangen soll?« fragte es.

»Fange beim Anfang an«, sagte der König ernsthaft, »und lies, bis du ans Ende kommst, dann halte an.«

Dies waren die Verse, die das Weiße Kaninchen vorlas:

Ich höre ja, du warst bei ihr,
Und daß er mir es gönnt;
Sie sprach, sie hielte viel von mir,
Wenn ich nur schwimmen könnt'!

Sie schrieben ihm, ich ginge nicht
(Das wußten alle hier):
Wenn ihr viel an der Sache liegt,
Was würde dann aus mir?

Ich gab ihr eins, sie gab ihm zwei,
Ihr gabt uns dreimal vier;
Jetzt sind sie hier, er steht dabei,
Doch sie gehörten mir.

Würd' ich und sie vielleicht darein
Verwickelt und verfahren,
Vertraut er dir, sie zu befrei'n,
Genauso wie wir waren.

Ich dachte schon in meinem Sinn,
Eh' sie den Anfall hätt',
Du wärst derjenige, der ihn,
Es, uns behindertet.

Sag ihm um keinen Preis, daß sie
Am liebsten das getan,
Denn keine Seele außer dir
Und mir darf dies erfahr'n.

»Das ist das wichtigste Beweisstück, das wir bis jetzt gehört haben«, sagte der König, indem er sich erfreut die Hände rieb, »laßt also nun die Geschworenen –«

»Wenn es einer von ihnen erklären kann«, sagte Alice (sie war in den letzten Minuten so sehr gewachsen, daß sie sich gar nicht fürchtete, den König zu unterbrechen), »so will ich ihm sechs Dreier schenken. Ich finde, daß keine Spur von Sinn darin ist.«

Die Geschworenen schrieben alle auf ihre Tafeln: »Sie findet, daß keine

Spur von Sinn darin ist«, aber keiner von ihnen machte den Versuch, die Verse zu erklären.

»Wenn kein Sinn darin ist«, sagte der König, »spart uns das ja ungeheuer viel Arbeit, denn dann haben wir es nicht nötig, ihn zu suchen. Und doch, ich weiß nicht«, fuhr er fort, indem er das Papier auf den Knien ausbreitete und es prüfend beäugelte, »es kommt mir so vor, als könnte ich etwas Sinn darin finden. – ›Wenn ich nur schwimmen könnt'!‹ Du kannst nicht schwimmen, nicht wahr?« wandte er sich an den Herzbuben.

Der schüttelte traurig den Kopf. »Sehe ich etwa danach aus?« (Was freilich nicht der Fall war, da er gänzlich aus Pappe bestand.)

»Das stimmt so weit«, sagte der König und fuhr fort, die Verse leise durchzulesen. ›Das wußten alle hier‹ – das sind die Geschworenen, natürlich – ›Ich gab ihr eins, sie gab ihm zwei‹ – jawohl, so hat er's mit den Kuchen gemacht, versteht sich.«

»Aber es geht noch weiter: ›Jetzt sind sie hier‹ «, sagte Alice.

»Freilich, da sind sie ja!« sagte der König triumphierend und zeigte auf den Kuchen auf dem Tisch, »nichts kann klarer sein als das. Dann wieder – ›Eh sie den Anfall hätt'‹ – du hast nie einen Anfall gehabt, meine Liebe, glaube ich?« sagte er zu der Königin.

»Niemals«, rief die Königin wütend und warf dabei der Eidechse ein Tintenfaß an den Kopf. (Der unglückliche kleine Wabbel hatte aufgehört, mit dem Finger auf seiner Tafel zu schreiben, da er merkte, daß es keine Spuren hinterließ; doch nun fing er eilig wieder an, indem er die Tinte benutzte, die von seinem Gesicht herabtröpfelte, solange dies vorhielt.)

»Dann ist dies nicht dein Fall«, sagte der König und blickte lächelnd im ganzen Saale herum. Alles blieb totenstill.

» Das ist ein Wortspiel!« fügte der König in ärgerlichem Ton hinzu, und sogleich lachten alle. »Die Geschworenen sollen ihr Urteil sprechen«, sagte der König wohl zum zwanzigstenmal an diesem Tag.

»Nein, nein!« sagte die Königin, »erst die Strafe, dann das Urteil.«

»Was für ein Unsinn!« sagte Alice laut. »Zuerst die Strafe!«

»Halt den Mund!« sagte die Königin, indem sie purpurrot wurde.

»Das werde ich nicht!« sagte Alice.

»Schlagt ihr den Kopf ab!« brüllte die Königin, so laut sie konnte. Niemand rührte sich.

»Wer kümmert sich schon um euch?« sagte Alice (unterdessen hatte sie ihre volle Größe erreicht). »Ihr seid nichts weiter als ein Spiel Karten!« Bei diesen Worten erhob sich das ganze Kartenspiel in die Luft und kam auf sie herabgeflogen. Sie stieß einen kleinen Schrei aus, halb vor Furcht, halb vor Wut, versuchte, die Karten von sich abzuwehren, und merkte, daß sie am Ufer lag, den Kopf auf dem Schoß ihrer Schwester, welche leise einige welke Blätter fortnahm, die von den Bäumen herunter auf ihr Gesicht gefallen waren.

»Wach auf, Alice!« sagte ihre Schwester, »du hast lange geschlafen!«

»Oh, ich hatte einen so merkwürdigen Traum!« sagte Alice und erzählte ihrer Schwester, so gut sie sich erinnern konnte, alle die seltsamen Abenteuer, welche ihr eben gelesen habt. Als sie fertig war, gab ihre Schwester ihr einen Kuß und sagte: »Das war wirklich ein sonderbarer Traum. Aber nun lauf hinein zum Tee, es ist spät geworden.« Da stand Alice auf und rannte fort und dachte dabei, und zwar mit Recht, daß es doch ein wunderschöner Traum gewesen war.

Aber ihre Schwester blieb noch sitzen, als Alice sie verlassen hatte. Den Kopf auf eine Hand gestützt, blickte sie in die untergehende Sonne und dachte an die kleine Alice und ihre wunderbaren Abenteuer, bis auch sie auf ihre Weise zu träumen anfing, und dies war ihr Traum:

Zuerst träumte sie von der kleinen Alice, und wieder lagen die winzigen Händchen auf ihren Knien, und die leuchtenden, ausdrucksvollen Augen blickten zu ihr auf. Sie konnte den Ton ihrer Stimme hören und das komische Zurückwerfen des kleinen Köpfchens sehen, womit sie die einzelnen Haare abschüttelte, die ihr immer wieder in die Augen kamen, und je länger sie lauschte oder zu lauschen meinte, desto mehr belebte sich der ganze Platz um sie herum mit den seltsamen Geschöpfen aus ihrer kleinen Schwester Traum.

Das lange Gras zu ihren Füßen raschelte, da das Weiße Kaninchen vorbeihuschte, die erschrockene Maus plätscherte durch den nahen Teich, sie konnte das Klappern der Teetassen auf dem Tisch hören, wo der Faselhase und seine Freunde ihre immerwährende Mahlzeit hielten, und die gellende Stimme der Königin, die ihre unglücklichen Gäste zur Hinrichtung schickte. Wieder nieste das Ferkelkind auf dem Schoß der Herzogin, während Töpfe und Schüsseln rundherum in Scherben brachen, wieder erfüllten der Schrei des Greifen, das Kratzen des Griffels in der Hand der Eidechse und das Stöhnen des unterdrückten Meerschweinchens die Luft, und alles vermischte sich mit dem Schluchzen der unglücklichen Falschen Schildkröte in der Ferne.

So saß sie da, mit geschlossenen Augen, und glaubte fast, selbst im Wunderland zu sein, obgleich sie ja wußte, daß, sobald sie die Augen öffnete, alles nur wieder langweilige Wirklichkeit sein würde. Das Gras würde dann im Winde rascheln, der Teich mit seinem Rieseln das Wogen des Schilfes begleiten; das Klappern der Teetassen würde sich in klingende Herdenglocken verwandeln, die gellende Stimme der Königin in die Rufe des Hirtenknaben, und das Niesen des Kindes, das Geschrei des Greifen und all die anderen ungewöhnlichen Töne würden sich (das wußte sie) mit dem verworrenen Lärm des geschäftigen Gutshofes vermischen, und das schwermütige Schluchzen der Falschen Schildkröte wäre nichts anderes als das vertraute Brüllen der Kühe auf der Weide.

Zum Schluß malte sie sich aus, wie ihre kleine Schwester später, wenn sie erwachsen war, sein würde: Wie sie sich auch in ihren reiferen Jahren das einfache liebevolle Herz ihrer Kindheit bewahrte, und wie sie andere kleine Kinder um sich versammelte, die mit glänzenden Augen neugierig manch einer ihrer wundersamen Erzählung folgten, vielleicht sogar dem Traum vom Wunderland aus alten Zeiten; und wie sie alle ihre kleinen Sorgen nachfühlte, sich über ihre kleinen Freuden mitfreute in der Erinnerung an ihre eigene Kindheit und die glücklichen Sommertage.

Zum hatte sie sich
später, sie selbst
Erinnerungen an ihre

Schwester
Kindheit und die glücklichen Sommertage.

… nach einem Photo von ihm selbst 1862

1865

...nach einer Photographie von Lewis Carroll...

Nachwort von Roger Willemsen

Das Erzählen hat viele Anfänge, alle im Dunkel einer vorbegrifflich geschlossenen Welt. Es beginnt, wo sich aus dem »Jubilare sine voce«, dem Falsettgesang der Pygmäen in der Wüste, Formeln und Namen herauslösen; es beginnt, wo sich in den rituellen Beschwörungen des Dionysos-Kults einzelne epische Einheiten zur Erzählung emanzipieren; es beginnt in der Liturgie, wo die Heiligengestalten zwischen stereotypen Gebeten Attribute und Biographien erhalten; es beginnt in der scheinbar akausalen Logik des Traums, in der Wiederkunft und Rekonstruktion des Vergessenen, im Abstraktionszusammenhang zwischen den Piktogrammen der Höhlenmalerei; es beginnt in den Erzählungen der Kinder.

Seit den Anfängen der Völkerpsychologie bei Giambattista Vico werden die primigenen Völker mit den Kindern verglichen. Das ist mehr als eine Metapher, denn die Archetypen der Volkskunst besitzen nicht nur ästhetische Nähe zu den ersten Hervorbringungen der Kinder, sie spiegeln auch auf verwandtschaftliche Art und Weise eine Welt wider, die noch zu überlegen ist, als daß sie durch Begriffe gebannt und durch Erzählungen gegliedert werden könnte.

Überall bildet das Erzählen den Versuch ab, eine Ordnung zu begründen und das Diffuse, Amorphe, Chaotische, Simultane nicht nur zurückzudrängen, sondern es auch zu prägen, also das Unbeherrschbare zu beherrschen, das Asyntaktische der Wahrnehmung der Syntax der Sprache zu unterwerfen. Jeder verständliche Satz ist ein Triumph des Ordnungsgedankens über die Wirklichkeit, ein Sieg des Allgemeinwesens über die Monade des Individuums, und in jedem unverständlichen Satz lebt noch die Beunruhigung, die von der nicht unterworfenen Welt ausgeht.

»Alice im Wunderland« ist ein unverständliches Buch, daran sollte man nicht rütteln. Unverständlichkeit ist seine Sprechform, aber durch diese teilt es eben etwas anderes mit als Texte, die ganz und gar begriffen werden wollen. So viele Möglichkeiten es auch geben mag, sich durch die Alogik der Empfindungen, Wahrnehmungen, kausalen Verdrehungen und Vertauschungen, durch die optischen Inversionen und Überblendungen hindurchzuinterpretieren, der Text blickt befremdet zurück und schützt seine Alice, die für nichts als sich selbst stehen möchte (und das ist ein Thema des Buches), und schützt seinen Autor, der zahlreiche Motive hatte, sich aus der Gemeinschaft seiner Mitmenschen hinaus- und in die kindliche reflektierte Welt von Mädchen, Tieren, Sachen und Kartenkönigen hineinzukatapultieren.

Alice will sich nur ungern verstehen lassen, jedenfalls wenn man unter ›Verstehen‹ den gelungenen Anschluß der individuellen Erfahrung an die des Kollektivs begreift. Denn so bedrohlich die unterirdische Welt auch manchmal erscheint, sie bleibt das eigentliche Habitat des kleinen Mädchens, ihr wahres Zuhause. Und auch Lewis Carroll will sich nicht verstehen lassen, mied er es doch stets, Objekt der allgemeinen Aufmerksamkeit zu werden und in einem Akt des Erkennens eine Beschädigung und Bloßstellung seiner Innenwelt zu erleben. Vor einer Exegese, wie sie die Psychoanalyse später möglich machte, hätte er wahrscheinlich furchtbare Angst gehabt.

Dieser Text also bliebe am liebsten die Ausnahme zu allen gewesenen Texten, einer, in dem sich die Unbegreiflichkeit der Phantasie selbst abbildet. Wäre es anders, gäbe es ein Paßwort oder einen Schlüssel, er verlöre jene Einzigartigkeit, um die ihn Surrealisten und Dadaisten gleichermaßen beneidet haben, als Manifestation einer unbändigen, entfesselten Wirklichkeit im Medium der Phantasie.

Wenn man etwas begreifen muß an diesen Buch, dann ist es die Kühnheit, mit der es ablehnt, die Wirklichkeit an die Sprache auszuliefern, und so allmächtig dieses Buch scheinen mag, indem es mit den Kausalitäten wie unwillkürlich umspringt, so ohnmächtig ist es auch, indem es die scheinbare Souveränität der Phantasie und mit ihr die Dämonen der Außenwelt in das Wort und einen nachvollziehbaren Erzählzusammenhang einbezieht. Hier spricht das Kind, unterworfen jedem belebten und unbelebten Ding in der Welt, unterworfen den leiblichen Statthaltern von Kategorien und Anschauungsformen, bedroht von Zeit und Raum und Kausalität. Alles wird aktiv gegen Alice, die Gegenstände beleben sich, die Tiere räsonieren, die Räume dehnen sich aus, der Körper wird weit und eng und unspezifisch, das Kleine wird bedrohlich, das Bedrohliche niedlich, das Begreifen fester Verhältnisse zur unlösbaren Aufgabe. Sie sind nicht fest, und darum wird kein Mensch in ihnen jemals begreifend Fuß fassen. Es gilt also nicht, sich eine Realität zu unterwerfen, es gilt, sich in ihr bewegen zu können, ohne irgendwo eine Antwort darauf erhalten zu haben, was sie zusammenhält und treibt.

Früher hat man in »Alice im Wunderland« gerne die Manifestation einer

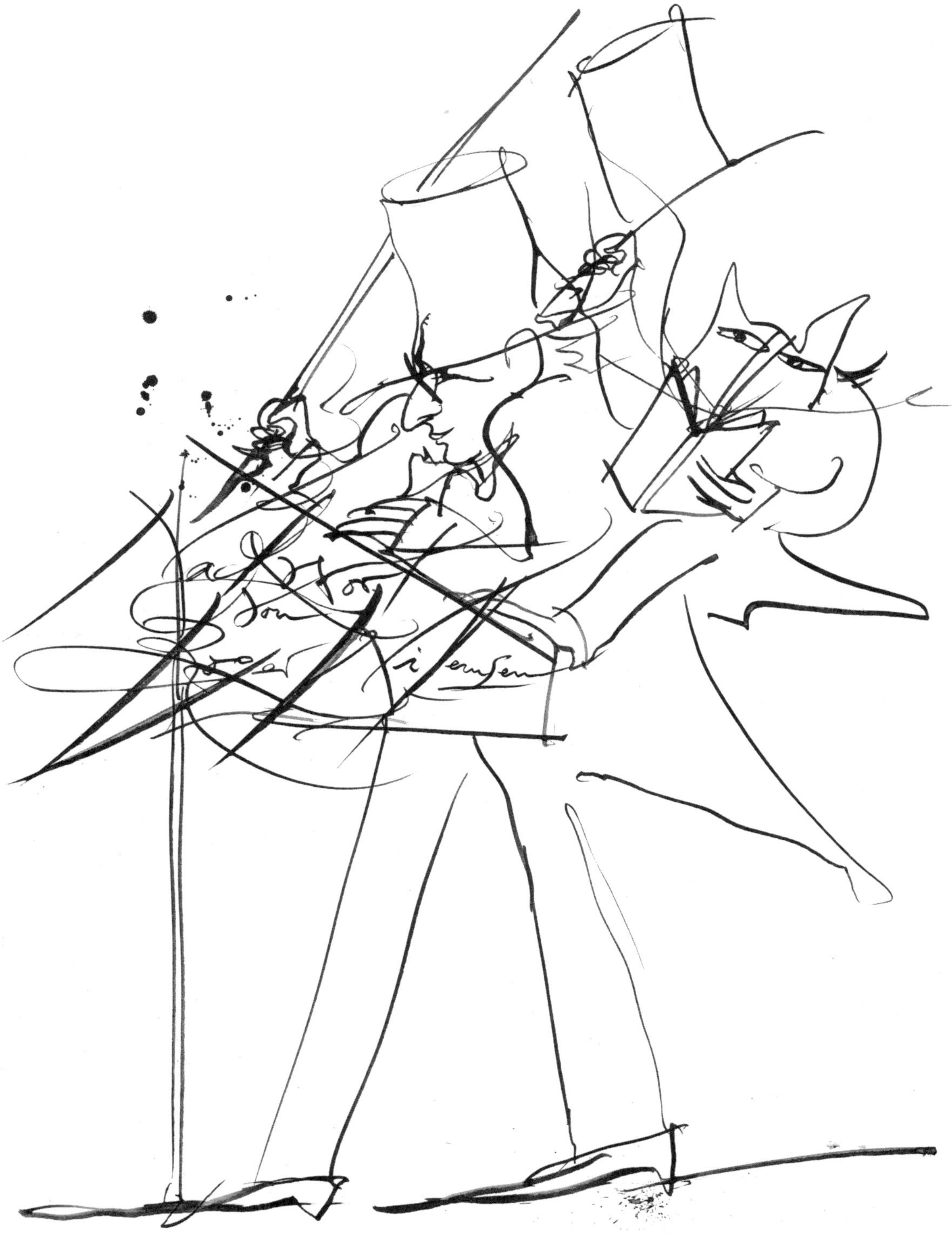

souveränen Kinderphantasie erkannt, so als beschreibe sie einen idealen Fluchtraum, in denen das kleine Mädchen sich den eigenen Einbildungen hingibt. Aber was für ein Fluchtraum ist das! So grell wie düster, so schmeichlerisch wie verletzend, so verheißungsvoll wie bedrohlich. Diese Phantasie wird gerade nicht souverän, und die Bilder sind wie in Freuds Traumdeutung von Wunsch wie von Angst besetzt. Alice erfährt in ihrer Welt Bedrohung und Versprechen, Gewalt und Liebe. Wäre es anders, Carroll hätte diese Phantasie nur verkitscht und sie substanzlos werden lassen in der Vorspiegelung, die Antagonismen der Außenwelt setzten sich in der Phantasie der Kinder nicht durch. Sie tun es hier so schroff und theatralisch, daß der Leser immer wieder mit Rührung und mit Entsetzen auf jene Oberwelt verwiesen wird, die eigentlich im Roman nicht dargestellt und doch in ihm bis auf die Knochen entblößt wird.

Es ist deshalb unausweichlich, in diesem Inbegriff eines phantastischen Romans jenen Realismus zu entdecken, der das Phantastische als Element der Wahrheit auszeichnet. Seine Heiterkeit ist beklemmend, sein Ernst ist verspielt und der Boden bleibt schwankend. Ein Buch also, in dem jedes Kind seine Träume und Alpträume zeitlos formuliert wiederfinden wird, und ein Buch, geeignet, Leser jeden Alters in den nicht überwundenen, weil unüberwindlichen Zustand der eigenen Bewußtwerdung hinunterzuführen.

Nicht erstaunlich, daß dieser bewundernswürdige Roman seinerseits als Fluchtbewegung entstand, und sein Autor hatte allen Grund zu fliehen. Charles Lutwidge Dodgson, der als Schriftsteller lieber Lewis Carroll heißen wollte, war, wenn man den Zeitgenossen glauben darf, ein verschüchterter, ein wenig verschrobener Einzelgänger, ein Linkshänder, der seit seiner Kinderzeit auf dem rechten Ohr taub war, eine Neigung zum Stottern besaß und als Mathematik- und Logikdozent so pedantisch und wenig unterhaltsam war, daß er von seinen Studenten für einen rechten Langweiler gehalten wurde. Bereits mit neunundvierzig Jahren gibt er seine Lehrtätigkeit auf, weil ihm der Erfolg des Autors Lewis Carroll sein Auskommen sichert.

Kein Zweifel, daß er sich unter Kindern am wohlsten gefühlt haben muß, Kindern gilt sein Schreiben, Kinder sind die Lieblingsobjekte seiner mit Leidenschaft betriebenen Porträtphotographie, und auch diesen Aufnahmen wohnt etwas Phantastisches inne. Sie zeigen die kleinen Figurantinnen in einer merkwürdig weltflüchtigen Melancholie und Inszenierung. Zwar lehnt Carroll, anders als die meisten Zeitgenossen, nachträgliche Überarbeitungen und Retuschen seiner Photos ab, in der Formulierung seines Themas aber greift er zu Verfremdungen, theatralischen Requisiten und Kostümen, die schon damals einer anderen Zeit gehörten.

Manche dieser kleinen Mädchen sind wie Zwerge, vom Photographen zu grimmigen Greisen ausstaffiert, die verschlafen, gebrechlich oder bloß verträumt, aber jedenfalls melancholisch in die Leere des Objektivs blikken. Man wird den Eindruck nicht los, daß unter Carrolls Regie aus diesen Gesichtern etwas wurde, das ihm wesensverwandt war.

Vergleicht man die vermutlich von Booth im Jahre 1855 gemachte Porträtphotographie des Autors mit einigen der Kinderphotos, die er in den vierundzwanzig Jahren zwischen 1856 und 1880 produzierte, so wird die Übereinstimmung spontan augenfällig: die gleiche erwachsene Introvertiertheit, die gleiche ›Reinheit‹, der gleiche blicklose Blick, der irgendwo störrisch brütend niedergeht und weniger eine Augenblicksstimmung als vielmehr ein Seinsgefühl preisgibt.

Dieser Ausdruck mag auch mit dem Entwicklungsstand der Photographie in jenen Jahren zusammenhängen, denn bei einer minimalen Belichtungszeit von vierzig Sekunden verlangte das Photographieren dem Modell Geduld und Reglosigkeit ab. Trotzdem legen diese Photographien nahe, daß Carroll ›seine‹ Kinder so ernst nahm wie er sie aufnahm, und während sich die Photographie in seinem Leben mit den Jahren zu einer wahren Besessenheit steigerte, notierte er im Tagebuch, es sei ihm bezüglich der eigenen Person nichts unangenehmer, »als Fremden mein Gesicht bekanntzumachen«. Sicher war der schüchterne Dozent mit dem künstlerischen Tarnnamen beherrscht von der Angst, entdeckt zu werden, und sei es auch nur vom Objektiv einer Kamera. Eine Doppelexistenz läßt sich nicht photographieren. In einem späten Brief des Autors heißt es sogar: »Ich will von mir nicht sprechen, das ist kein gesundes Thema.«

Vermutlich hängt die Heimlichtuerei dieses Charles Lutwidge Dodgson auch mit den Schattenseiten seiner Liebe zu den kleinen Modellen zusammen. Wer kleine Mädchen, auch nackt und manchmal lasziv, photographiert, würde sich dem Vorwurf, ein Kinderschänder zu sein, auch dann kaum entziehen können, wenn er sie mit unschuldigen Augen, ja wenn er sie gewissermaßen als Gleichaltrige gesehen hätte. Bei Carroll ist das keineswegs sicher. Sicher ist vielmehr, daß ihm die Mutter der Alice Liddell – das Vorbild zur ›Alice‹ – das Haus verbot, daß der Nachlaßverwalter des Autors alle offenbar kompromittierenden Passagen der Tagebücher vernichtete, und daß Carroll selbst jeden Kontakt mit seiner geliebten Alice abbrach, als diese den zwanzig Jahre älteren Captain Hargreaves heiratete. (Immerhin wurde der legendären Frau nur deshalb im Alter von achtzig Jahren die Ehrendoktorwürde verliehen, weil sie ›Alice‹ war.) Offenbar hat Carroll jedenfalls die Gabe seines Erzählens auch als Mittel der Verführung eingesetzt.

Lewis Carroll hat den Mann, der sich unter Kindern am wohlsten fühlte, bis zur Selbstverleugnung zu schützen gesucht. Er berichtet in einem Schreiben von seiner Marotte, Briefe, die an »Lewis Carroll, Christ Church College« gerichtet waren, mit dem Vermerk »Empfänger unbekannt« zurückzuschicken, und diese Doppelexistenz hat er wie eine nicht transzendierbare Einheit auch Alice mitgegeben, von der er mit einer Formulierung von argloser Leichtigkeit sagt: » ... denn dieses eigentümliche Kind stellte sehr gerne zwei Personen dar.«

Für Carroll selbst war die Trennung vermutlich weniger leicht. Warum war sie ihm dennoch so wichtig? Doch nicht, weil die Mathematik für ihn weniger Sinn gehabt hatte als die sogenannte ›Unsinnspoesie‹, denn das Feld der Logik hat er mit »Alice« nicht verlassen, er hat es, wie Gilles Deleuze nachgewiesen hat, erst recht erkundet. Deutlicher verraten Roman und Briefe psychologische Gründe, so als sei dem Autor jener Mann, der nach dem Verstoß aus der Kindheit herangewachsen war, fremd geworden, weil er ihn vielleicht nie wirklich in Besitz genommen hatte. Denn wie soll ein Mensch, der sich seiner Umwelt nicht mitteilen kann, der sich also nie wirklich im Spiegel der anderen erkennt, der unter Erwachsenen gehemmt und fremdartig auftritt, wie soll ein solcher Mensch zu einer Identität finden? Vielleicht hat der Dichter Lewis Carroll das Ende der Kindheit nie verwunden, den Eintritt in die Erwachsenenwelt nie verschmerzt, die noch unfeste Form, in der sich Kinder die Welt aneignen, nie selbstbewußt abgeworfen. Das würde zumindest erklären, warum er sich in das Auffassen und Formulieren von Kindern in einer Weise eingefühlt hat, die ihm seither niemand nachmachen konnte. Das würde auch erklären, warum die Welt aus dieser Perspektive zugleich ideal und schrecklich wirkt.

Wenn Alice mit dem Autor etwas gemeinsam hat, dann ist es diese angestrengte Erforschung der eigenen Identität als Versuch, Ich zu werden. Gerade diese Anstrengung wird in einem Medium unternommen, in dem es offenbar keine Identität geben kann, denn jede Gewißheit weicht sofort zurück, verkehrt sich in ihr Gegenteil und entzieht der Selbstbestimmung den Boden. Gilles Deleuze führt in seiner »Logik des Sinns« den Verlust der Identität von Alice auf ein Paradoxon zurück: »Als ob die Ereignisse sich einer Unwirklichkeit erfreuten, die sich dem Wissen und den Personen über die Sprache mitteilt. Denn die persönliche Ungewißheit ist kein dem Geschehen äußerlicher Zweifel, sondern eine objektive Struktur des Ereignisses selbst, insofern es stets in zwei Richtungen zugleich verläuft und das Subjekt dieser doppelten Richtung entsprechend zerteilt. Das Paradox besteht zunächst darin, den gesunden Menschenverstand als einzige Richtung, als Einbahnstraße oder einzigen Sinn, dann aber auch den Gemeinsinn als Zuweisung fester Identitäten zu zerstören.«

Offensichtlich hat Lewis Carroll sich selbst und die eigene Situation nicht anders gesehen und schreibend, wenn auch im Medium des Traums, jenen Punkt vor Eintritt in das erwachsene Bewußtsein wieder aufgesucht, an dem er mit sich eins war, wenn auch gefährdet und verunsichert. Nicht ausgeschlossen, daß er es sogar als Glück und zugleich als Verhängnis betrachtet hat, auf dieser Grenze zu stehen, die die sinnvolle Welt der Erwachsenen ebenso kategorisch von der schwärmerischen Unsinnswelt der Kinder trennt, wie der Traum vom Wachen unterschieden ist.

Aber führen nicht alle produktiven Prozesse an diese Grenze zurück, und sind die Situationen, aus denen diese sich ablösen, weniger phantastisch? Am 18. Juli 1874 unternimmt Carroll einen Spaziergang bei Guildford, als ihm der Satz einfällt: »For the Snark was a Boojum, you see.« Anderthalb Jahre hat es ihn gekostet, aus diesem Unsinn – und er bestand darauf, dies nichts als einen ›Unsinn‹ zu nennen – ein längeres Gedicht zu machen, gegen dessen Interpretation er sich später entschieden wehrte.

Und dann die Situation, aus der »Alice im Wunderland« entstand! Man stelle sich vor: daß der Mathematikdozent am 4. Juli 1862 mit seinen drei kleinen Freundinnen Lorina, Alice und Edith Liddell einen Bootsausflug unternimmt, wird für Kinder und Leser aller Nationen und Zeiten zu einem bedeutungsvollen Ereignis. Auch, daß an diesem Tag das Wetter heiter war und die spröde Gouvernante der Unternehmung fernblieb, daß die Kinder sich wißbegierig zeigten und der schüchterne Wissenschaftler redselig war, auch das hinterläßt in den Annalen der Literaturgeschichte Spuren. Denn unter diesen günstigen Umständen und den drängenden Fragen seiner Zuhörerinnen erfand der Dozent aus dem Stegreif die Geschichte der »Alice im Wunderland«, die berühmteste Erzählung für Kinder in der gesamten Literaturgeschichte.

Von den Zwischenfragen und Einwürfen seiner Freundinnen immer wieder unterbrochen und angeregt, verstieg er sich in lauter hanebüchene Erzählungen und Phantasien, die mit Sinn und Unsinn, Witz und Aberwitz üppig ausgestattet wurden, und in denen sich die drei Mädchen allmählich ausgezeichnet zurechtfanden. Zumindest gegenüber dieser ersten, in guter Märchentradition nur mündlich überlieferten Version, muß man sagen, daß nicht nur die Pantomime der Zuhörerinnen den Lauf der Geschichte mitbestimmt hat, sondern daß die Freundinnen regelrecht miterfunden, ›mitgeschrieben‹ haben. Es gelang der damals zehnjährigen Alice Liddell, der liebsten unter allen kleinen Freundinnen des Autors, diesen zum Aufschreiben der Geschichte zu überreden, was Carroll, indem er immer neues Material einarbeitete und es in verschiedenen Fassungen ausbreitete, schließlich auch zuwege brachte. Im Februar 1863, ein halbes Jahr nach der legendären Bootspartie, schenkte der Autor seiner kleinen Freundin das Buch als nachträgliches Weihnachtsgeschenk. Später sollte selbst Queen Victoria von »Alice im Wunderland« so begeistert sein, daß sie den Autor um eine Zueignung bat – bemerkenswert für eine Frau, deren Name auch mit der Strafpädagogik ihrer Epoche verbunden ist.

Dem Roman gelang eine bis dahin unerhörte Annäherung zwischen der Welt der Erwachsenen und der Welt der Kinder. War es nicht auch Dodgsons zwanghafte Welt der Logik, der Etikette, der vorgeschriebenen gesellschaftlichen Verhaltensformen, die hier durcheinandergeschüttelt wurde? War nicht auch sein College eine Nachbildung jener Schule, die seine drei Zuhörerinnen besuchten, und von deren angsteinflößender Autorität die Erzählung bis in den Traum verfolgt wird?

Immer wieder tauchen hier die traumatischen Schreckbilder des erwischten Schulkinds auf: Alice wird aufgerufen, sie verspricht sich und kann sich nicht erinnern, sie wird bestraft, sie muß an den falschen Stellen lachen, sie versteckt sich und wird entdeckt, sie wird abermals gefragt, sie kann sich wieder auf nichts Rechtes besinnen und fängt an zu weinen –, daß hier ein Angsttrauma reproduziert wird, ist offensichtlich. Es ist die Angst vor dem Sinn, der reibungslosen Logik, der anonymen, unbegreiflichen Richtigkeit, die Angst vor der Unerreichbarkeit eines angemessenen Verhaltens und der weltmännischen Sicherheit dieser ganzen erwachsenen Welt, der gegenüber sich Carroll auf die Seite der Kinder schlägt.

Auch in seinem Kampf mit dem Regelwerk der Schule ist er ganz der Komplize von Alice. In einem Brief hat er die Unterrichtssituation auf eine Weise persifliert, die beides enthüllt: den Schrecken der Disziplin mit ihrer kommunikationstötenden Strenge wie auch den Unsinn, der durch sie entsteht. Carroll schreibt: »Am wichtigsten ist es, wißt Ihr, daß der Tutor würdevoll ist und gehörigen Abstand vom Schüler wahrt, und daß der Schüler so klein wie möglich gemacht wird. Sonst ist er nicht demütig genug, wißt Ihr. So sitze ich in der äußersten Ecke des Zimmers; vor der

Tür (die geschlossen ist) sitzt der Diener; vor der äußeren Tür (ebenfalls geschlossen) sitzt der Unterdiener; eine halbe Treppe tiefer sitzt der Unter-Unter-Diener; und draußen im Hof sitzt der Schüler. Die Fragen werden von einem zum andern gebrüllt, und die Antworten kommen genauso zurück, es ist ziemlich verwirrend, bis man sich daran gewöhnt hat.« Lewis Carroll, der noch dazu eine tiefe Abneigung gegenüber Jungen hegte, hat sich offenbar nie daran gewöhnt und allenfalls mit Unsinn gekontert.

Der Sturz in die Innenwelt des Kindes gibt dem Unsinn ein doppeltes Gesicht: Unsinn ist die Vernunft der Kartenkönige und autoritären Tiere. Unsinn ist ihre Logik, ihre Rechtsprechung und all ihr Urteilen, und Unsinn ist genauso die Waffe der Alice, die inmitten einer von hochmütigen, gleichgültigen, dummen, unhöflichen, blasierten Kreaturen bevölkerten Welt immer wieder mit abenteuerlichen Argumenten und Kenntnissen aufwartet, um die drohende Gefahr durch die Aufwendung schieren Unsinns abzuwenden. Wohlgemerkt ist dieses Verfahren keine Alberei, sondern in einer Welt aus Unsinn das plausible Verfahren, die richtigen Gesten und Paßwörter zu finden. Deshalb ist das Wunderland auch eines der doppeldeutigen Worte, der Wortspiele und Wortvertauschungen. Die Sprache ist wie die Phantasie bedrohlich, aber doch auch ein Mittel, sich zu befreien und unerkannt zu entkommen. So ist der Name selbst der letzte Rest von Zweifellosigkeit, und während Alice abwechselnd groß und klein wird, während das Kaninchen seine Glacéhandschuhe sucht, das Schweinebaby heult, die Raupe Wasserpfeife raucht, die Flamingos als Krockettschläger mißbraucht werden, sich lauter unerhörte Verwandlungen ereignen und niemand bleibt, was er scheint, muß sich Alice immer wieder fragen lassen, wer sie denn eigentlich sei – die Carroll-Frage. In ihrer Antwort liegt beides: die Angst und die Hoffnung, als das erkannt zu werden, was sie ist.

»Überall ist Wunderland« hat der deutsche Unsinnsdichter Ringelnatz geschrieben, überall, wo Fluchtbewegungen es aufspüren. Der Sturz in den Kinderkopf zeigt ein Wunderland, das bevölkert ist von den Stellvertretern des Gewissens, der Pflicht, des Lebensernstes, und man kann sich die Verwüstungen vorstellen, die in diesem Land von der Pädagogik der Epoche angerichtet wurden. Insofern ist Queen Victoria zwar nicht, wie lange gemutmaßt wurde, die Autorin des Buches, sie steht aber – im negativen Sinn – für jene Verhältnisse, die seine Niederschrift auch beflügelt haben.

Carrolls Phantasie ist ein Instrument von großer Präzision. Die angsterfüllten Erkenntnisse des Kindes übersetzt er in eine Sphäre höchst prägnanter Bilder. Ihre sinnliche Erscheinung ist das eine, das andere sind die Strukturen und Verhältnisse, aus denen sie hervorgetrieben wurden. Deshalb kann man »Alice im Wunderland« auf vielerlei Weise lesen und verstehen, unmittelbar und symbolisch, historisch und ahistorisch. Die Eindringlichkeit seiner Bilder macht Carroll zum loyalen Anwalt der Kinder, die den Ernst und den Aberwitz ihrer Erfahrungen mit der Wirklichkeit durch den Text objektivieren lernen.

Diese Alice, über die Literaturwissenschaftler und Surrealisten, Pädagogen und Psychoanalytiker hergefallen sind wie in der Geschichte die Spielkarten, sie alle mit dem Anspruch, ›ihr‹ Buch gefunden zu haben, diese Alice gehört dennoch in erster Linie den Kindern und wird von ihnen vermutlich am reinsten aufgefaßt. »Warum nur ist sie so darauf aus, in allem eine Moral zu entdecken?« hätte sich Alice, wie gegenüber der Herzogin, auch gegenüber der Wissenschaft fragen können, die Carrolls Buch schließlich so »kompliziert« hat, daß es immer unzugänglicher wurde.

In Wirklichkeit ist dieses Buch, das so kodiert und verschlüsselt erscheint, alles andere als verrätselt, sondern in einem Maße persönlich, wie es kein Kinderbuch vor ihm gewesen ist. Lewis Carroll ist hier nicht nur in den Schacht des eigenen Bewußtseins und seiner Entstehung hinabgetaucht, er hat sich in ihm auch verausgabt und Intimstes in Metaphern ausgesprochen, die seiner öffentlichen Person unaussprechlich gewesen wären.

»Alice im Wunderland« ist immer wieder übersetzt, kopiert und neu gefaßt worden. Ihre Geschichte gibt es als Comic, als Singspiel, als Musical, als Film, als Popsong: Kitsch und Nippes haben von ihr Besitz ergriffen. Jede Zeit hat ihre Version, ihre Aktualität in ihr suchen können, weil es so viel Zeitloses in dieser Geschichte gibt.

Die vorliegende Ausgabe geht endlich wieder auf die erste deutsche Ausgabe aus dem Jahre 1869 zurück: nicht um die alte Geschichte gewissermaßen mit historischen Instrumenten noch einmal aufzuführen, sondern weil die lange übersehene Übersetzung von Antonie Zimmermann in ihrem sprachlichen Zauber, auch in ihren Unbeholfenheiten und naiven Nachbildungen, als das ideale Medium erscheint, den Originaltext wieder zum Glänzen zu bringen. Diese Übersetzung, die nur an einigen Stellen von Jutta Siegmund-Schultze behutsam retuschiert und korrigiert worden ist, hat die Grobkörnigkeit spontanen Erzählens, sie ist weniger glatt und deshalb in vielerlei Hinsicht differenzierter und einprägsamer als ihre deutschen Nachfolgearbeiten. Sie enthält auf eine manchmal anrührende Weise noch die Erinnerung an das gesprochene Wort und wird so dem Original einzigartig gerecht.

Albert Schindehütte, ein Albumkünstler von eigenem Rang, hat seinerseits dem Buch eine zeichnerische Fassung gegeben, die überall von der Echtheit der Begegnung mit dem Werk und dem Autor zeugt. Seine »kalligraphische Manier« fängt noch einmal den Charakter der Schnurre ein, das Undisziplinierte, Überbordende, auch Weitschweifige eines Erzählens, das sich im Bild nicht nur fortzusetzen, sondern wie ins Bild hineinzulaufen scheint. Auch Schindehüttes Arbeiten – die man kaum ›Illustrationen‹, sondern eher ›Korrespondenzen‹ nennen sollte – sind Textgeburten, die das Erotische des Erzählens, sein Umwegiges, Arabeskes, Gestaltloses in ihren Linien umschreiben. Hier wird die Geschichte noch einmal als offene Geschichte erzählt, voller liegengelassener Möglichkeiten und Nebenerzählungen. Auch in diesen Zeichnungen gibt es plötzliche, harte Details, Konturen und Profile wie im Text, auch hier gibt es einen Humor, der den Schrecken unerwartet ins Absurde wendet, auch hier gibt es Auflösungen ins periphere Sehen und Abirrungen in die Krakelei und die Klecksographie. Die mit spontanen Linien und einem Geknäuel von versponnenen Fäden umgarnten Wesen und Dinge rücken die Phantasie noch einmal in ihr Recht als Hauptperson der Geschichte von »Alice im Wunderland«.

Vorlagen für die Albumzeichnungen von Albert Schindehütte

S. 9, 11, 13, 18, 19, 21, 22, 23, 149, 150, 152, 153, 156, 157, 158, 159, 160, 161, 162, 163, 164 nach den Photographien kleiner Mädchen von Lewis Carroll; S. 10 nach einem Aquarell von Agnes Gardner King; S. 12 nach einem Aquarell von Henry Jeune; S. 14 nach einer Daguerreotypie aus viktorianischer Zeit; S. 15 nach einer viktorianischen Mädchenphotographie; S. 16 nach einem Photo von Hills und Saunders; S. 17 nach einem Gemälde von William Gale (Ausschnitt); S. 20 nach einem Gemälde von Ernst Stückelberg; S. 24 nach einer Photographie von Ross und Pringle; S. 151 nach einem Aquarell von Carlton Alfred Smith; S. 154 nach einer Photographie von Thornton und Pickard; S. 155 nach einem Aquarell von William Alexander.

Wir danken Herrn Peter Brostean aus Augsburg für die freundliche Überlassung der deutschen Erstausgabe von »Alice im Wunderland« in der Übersetzung von Antonie Zimmermann mit einer handschriftlichen Widmung des Autors Lewis Carroll.

Lizenzausgabe für die Büchergilde Gutenberg,
Frankfurt am Main, Wien,
mit freundlicher Genehmigung des
Hoffmann und Campe Verlages, Hamburg

Buch- und Umschlaggestaltung: Albert Schindehütte
Gesetzt aus der Sabon-Antiqua
Satz: Utesch Satztechnik GmbH, Hamburg
Lithographie: Druckformdienst Carl Kruse GmbH, Norderstedt
Druck- und Bindearbeiten: Clausen & Bosse, Leck
Printed in Germany · ISBN 3 7632 4385 2